JN011077

日本語ライブラリー

辞書の成り立ち

沖森卓也　　木村義之

[編著]

木村　一　　佐藤　宏

鈴木功眞　　田鍋桂子

中川秀太　　橋村勝明

山下喜代　　山本真吾

[著]

朝倉書店

編著者

沖森卓也　二松学舎大学文学部

木村義之　慶應義塾大学日本語・日本文化教育センター

著　者

佐藤　宏　前・小学館国語辞典編集部

山下喜代　前・青山学院大学文学部

橋村勝明　広島文教大学教育学部

木村義之　慶應義塾大学日本語・日本文化教育センター

中川秀太　都留文科大学（非常勤）

木村　一　東洋大学文学部

鈴木功眞　日本大学文理学部

山本真吾　東京女子大学現代教養学部

田鍋桂子　明海大学外国語学部

沖森卓也　二松学舎大学文学部

（執筆順）

序

　ある調査によれば，日本人が国語辞書を引くのは，漢字の読み書きで困ったときと，単語の意味を知りたいとき，という結果になったそうです．このことからも「辞書」が「字引」と俗称される理由がよくわかります．また，初めて外国語を学ぶときには，教科書とともに辞書を準備するのがふつうでしょう．ただ，読めない漢字を調べるには，漢字の画数を導き出す訓練が必要になりますし，外国語の辞書を引くには，単語の配列順の知識や，動詞の基本形と変化形の関係，名詞ならば単数形・複数形や性差などの基礎を学んでおく必要があります．つまり，辞書を十分に活用し，自在に使いこなすことは，その言語の文法や構造を知ることと密接に関係します．どんなときにどんな辞書を選んで引けばいいのかも，実はかなり重要な問題です．

　本書は，日本語の辞書に注目し，それがどのような情報を含み，どのように構成されているのか，単語や漢字の説明のしかたには辞書ごとにどのような特徴があるのかなど，一冊の辞書が成り立つための要素・構造・方針，といった観点から解説しています．また，日本語に漢字が移入された昔から，21世紀の今日に至るまで，時代ごとにどのように辞書が発達し，日本語の歴史を知るための資料として位置づけられてきたのか，国語辞典や漢和辞典という代表的な辞書とは異なる特殊辞書にはどのようなものがあるのかなど，辞書の歴史的位置づけについて概観しています．近年，研究者が活発に使用するようになったコーパスについてもふれています．

　こうして，長い歴史の中で蓄積されてきた辞書の数々は，いわば文化的所産というにふさわしい存在となりました．そして，時代は進み，技術の革新も著しく，書棚におかれていた冊子体辞書はいまや電子辞書，オンライン辞書と姿を変え，収録語数の制約はほぼなくなり，掌中のスマートフォンで大型の辞書を引くことが可能になりました．

　しかし，辞書を考える場合には収録語数という規模の問題だけに目をうばわれるのはもったいないことです．ことわざでは「大は小を兼ねる」と言いますが，辞書に関しては通用しないようです．それどころか，編者や出版社の違いによっ

て，同規模の辞書でもそれぞれに特徴が見られます．辞書の有用性を最大限に得るためには，それぞれの辞書の特徴を知ることが重要です．本書を一読した後に，ご自身で実際に様々な辞書を手にとり，日本語の文字・意味・語法・アクセントなどの情報がどのように記述されているかを具体的に確かめながら，日本語を今まで以上に広く深く考えるきっかけとなることを念じています．

2021 年 9 月

沖森卓也

木村義之

目　次

① 国語辞典の見出し

1.1　見出し語

　辞典の本文は，取り上げる言葉ごとに語釈（意味の解説）や用例文を添えて一項目とし，検索しやすくするために，それらを一定の規則によって配列するという構成になっている．その言葉は項目の冒頭に置かれ，語釈とは異なるゴシック体やアンチック体などの目立つ字体で見出しやすいように示されるので，「見出し」あるいは「見出し語」と呼ばれる．現代の国語辞典では，項目を見出しの読みの五十音順に並べるのが一般である．

　慣用句やことわざの類を，共通する先頭の語に寄せて項目とする場合，これを「子見出し」といい，これに対して，もとの語を「親見出し」という（1.3.3項参照）．また，語形が違うだけで，意味・用法上の区別がない場合，代表する語形の見出しで語釈や用例文を示すことがあり，これを「本見出し」という．これに対して，その他の語形の見出しは，しかるべき読みの位置に並べて矢印（⇨）などで本見出しを参照させることがあり，これを「空見出し」という．

1.1.1　見出しとなる語（見出し語はどう決める）

　見出しとして収録される語は，辞典の編纂目的・性格・規模によって異なるが，標準的な国語辞典では，現代の日常生活で普通に使われている言葉や，マスコミあるいは書籍などでよく用いられている言葉が中心となる．特定の分野・業界・地域・仲間内でのみ使われる語は割愛されるが，全国的な話題となって多くの人に知られ，広く用いられるようになれば，定着度を見きわめたうえで取り上げることもある．いずれにしても，それを裏づける実例とその出現頻度が見出し語を決めるときの目安になる．

　一般の語彙については，先行する辞典に載っているかどうかも決め手の一つに

なるが，ごくまれに，「幽霊語」（実在しない語）を引き継ぐ可能性もある．基本的には辞典以外の実際の用例にあたることで，その語が確かに存在することを確認しなければならない．最近では，2011 年に国立国語研究所が完成した 1 億語の『現代日本語書き言葉均衡コーパス』（BCCWJ = Balanced Corpus of Contemporary Written Japanese）をはじめとするさまざまなコーパス（注1）で実例に当たることもできる．また，コーパスを利用すれば，その言葉の頻度数や使用分野などの情報も確かめられるので，見出し語を決めるときの参考になる．

　見出しとなる語は，文法的な機能をもつ単語が基本であり，自立語と付属語からなる．品詞別の構成の一例をみると，名詞が 80.1%，動詞が 9.1%，造語成分が 3.1%，副詞が 2.5%，形容動詞が 2%，形容詞が 1.2%で，代名詞，接続詞，助詞，助動詞，接辞等々の類は 1%以下の割合になる（『新選国語辞典　第 9 版』の見返し資料による）．名詞，体言が圧倒的多数を占めるが，用言は終止形で示し，形容動詞は語幹で示すのが普通である．複合語と派生語は，構成要素となる単語の意味から類推できるものは採録されず，辞典によっては見出しの語例として解説文中に示されることもある．

　見出しの読みが同じでも意味が異なる同音異義語の場合は，項目は別立てとなる．もっとも，語源に遡れば同一の語であることが明らかなときは，一つの見出し項目にまとめて，派生した意味ごとにブランチ（意味分岐）に分け，必要に応じてその漢字表記を示すこともある．古い意味用法に遡って解説する中型以上の辞典ではとくにこの傾向が強いが，現代語に特化した小型辞典では，たとえば，「見る」「診る」，「固い」「硬い」「堅い」，「取る」「捕る」「執る」「採る」「撮る」「録る」を別項目として扱っているものもある（『三省堂国語辞典　第 7 版』）．

　国語辞典は，言葉の意味と用法を解説する辞典なので，とくに 6 万～8 万語クラスの小型辞典では，地名，人名，事件名，商品名などの固有名詞は見出しを立てないのが普通である．しかし，それが転じて「銀座（東京都の繁華街→各地の繁華街や人・物が多く集まる場所）」「太公望（中国・周の政治家→釣り人）」などのように普通名詞に近い使われ方をする語はその限りでない．もっとも，20 万語以上の中型ないし大型辞典になると，固有名詞や各種専門用語も系統的かつ網羅的に収録されるようになる．いずれにしても，偏見に満ちた使い方をされて人権にかかわるような問題となっている語は，その辞典の目的や用途に照らし合わせて見出し語とすべきかどうかをよく検討し，採録する場合は，その語の本来

の意味を記したうえで，なぜ問題になっているかを説明しなければならない.

1.1.2 見出し語の範囲（現代語・古語・専門語・新語）

大槻文彦の『言海』(1889〜1891) 以降，近代的な国語辞典では，文語だけでなく口語も含めた「普通語」が収録されるようになった．どの地方に住み，どのような職業に就いているかにかかわらず，一般人が生活において普通に聞いたり話したり，読んだり書いたりする言葉が見出し語の範囲を決める．ただし，辞典の規模によって扱う範囲は異なる．小型辞典の場合は，「ことばの鏡」として言葉の変化をすばやく写し取る現代語中心のものから，規範を重視した「ことばの鑑」を目指すものまである（注2）．また，学習の場で使われることを想定して国語を中心に他の教科からも基本語彙を選んで収録するものもある．

見出し語にはさまざまな種類があり，標準的な国語辞典とは別にそれぞれに特化した専門辞典がある．たとえば，古典語だけをあつかう「古語辞典」があり，例文に現代語訳の付いた中学生や高校生向けの入門的なものから，古典語や古典文学研究のための大辞典まである．ほかに，故事ことわざの類だけを集める「ことわざ辞典」，外国語のうち日本語として使われるようになり片仮名で定着したものを収める「外来語辞典」，擬音語・擬態語だけを集める「オノマトペ辞典」，各地の方言だけをあつかう「方言辞典」，特定のグループや社会だけで使われる言葉を集めた「隠語辞典」「集団語辞典」，さらにはその時々の流行語や新語を収める「新語辞典」などがある．

国語辞典も規模が大きくなると，以上のような専門辞典の語彙に加えて，歴史，地理，政治，法律，経済などの人文科学系や，生物，化学，工学，物理，数学などの自然科学系の語彙，いわゆる百科語までも収録するようになる．とくに，インターネットが普及する前は，言葉を手がかりにさまざまな物事について簡便に調べられる 20 万語以上の紙の中型国語辞典が，「百科総合」などと唱えられ，一家に一冊といわれるぐらいに広く使われ重宝されていた．

1.1.3 収録語数

辞典に収められた見出し語の数を収録語数という．現代の国語辞典では，収録語数によって，小型・中型・大型辞典に区別される．小型辞典は，6万〜8万語を収め，現代語を中心に解説し，その用法はおもに作例（実例をもとに内省を経

て簡潔に示した例文）で示されることが多い．判型は B6 判とその変形がほとんどで，ページ数は 1400 から 2000 ページを越えるものまである．中学・高校生から一般向けに編集された『三省堂国語辞典』『新明解国語辞典』（三省堂），『岩波国語辞典』（岩波書店），『明鏡国語辞典』（大修館書店），『現代国語例解辞典』（小学館），『新潮現代国語辞典』（新潮社），『学研現代新国語辞典』（学研プラス），『旺文社国語辞典』（旺文社）などの類をいう．なお，小型ながら基本的な百科語彙や固有名詞をも取り入れて収録語数が 9 万〜10 万語クラスになるものとしては，『新選国語辞典』（小学館）や『集英社国語辞典』（集英社）などがある．

　中型辞典は，20 万語以上を収め，現代語のほかに，各種専門語，固有名詞なども取り入れ，用例は作例のほかに，古典からの実例も収める．判型は B5 判とその変形で，ページ数は 3000 ページ以上になる『広辞苑』（岩波書店），『大辞林』（三省堂），『大辞泉』（小学館）の類をいう．ただし，意味記述は，古い用法から順に歴史的に説くもの（『広辞苑』）と，現代の用法から説き起こすもの（『大辞林』『大辞泉』）の 2 種類に分けられる．中型辞典は 1980 年代後半から CD-ROM 版が出されるようになり，21 世紀になってからは，電子辞書やオンライン辞書・辞書アプリとしても利用されるようになった．とくに後者ではデジタル版として紙版とは別に新語などもいち早く取り入れるようになっている．

　大型辞典は，現行のものでは，見出し 50 万語，用例 100 万例で，全 13 巻（＋別巻 1）の『日本国語大辞典　第 2 版』（小学館，通称『日国』）をいう．収録語数では戦前の 1936 年に出版された『大辞典』（平凡社）が約 75 万語と最多だったが，一項目に使われる文字数が平均約 70 字（中型辞典クラスとほぼ同じ）で，『日国』の文字数約 180 字の 5 分の 2 ほどになる．これは，『日国』が語釈や用例などに相当量を費やしているということでもある．

1.2　見出しの配列

　見出し語は，検索の便を図って，一定の規則のもとに配列される．そのためには，見出しに使われる文字が網羅された一式になっており，なおかつ誰もが知っている順番になっていなければならない．仮名であればアイウエオ順（五十音順），ローマ字であれば ABC 順がわかりやすく見当もつけやすい．

　しかし，近世までは，仮名文字がすべてそろい，人口に膾炙していたのは「いろは歌」であった．平安末期の『色葉字類抄』をはじめ，中世以降の「節用

集^{しゅう}」の類は，収録する言葉を第一字目の音によってイロハ順に分け，それをさらに，天地・時節・草木などの部門に分類して配列することが多かった．近代以降もイロハ順は根強く残り，明治期には，山田浅治郎^{やまだあさじろう}『正宝普通伊呂波字引大全^{ぜん}』（1889）や高橋五郎^{たかはしごろう}『和漢雅俗^{わかんがぞく}いろは辞典^{じてん}』（1893）などが刊行されている．

1.2.1　五十音順（アイウエオ順）

五十音は古代インドのサンスクリット語，いわゆる梵語^{ぼんご}の字母表に基づいており，その字母を悉曇^{しったん}（siddham）という．日本では平安時代から悉曇学で五十音図の研究が進み，醍醐寺蔵『孔雀^{くじゃく}経音義^{きょうおんぎ}』（1008-1028）に見えるものが早いが，ア行ナ行がなく，段や行の順が現行のものとは異なっている．寛智の『悉曇要^{かんち}集記^{しゅうき}』^{しったんよう}（1075）になると行の順が「アカサタナハマヤラワ」となっているのが追記に見えるが，段が「アイウエオ」に定着するのは 12 世紀初めごろで，行・段が現行に近い形で落ちつくのは 17 世紀に入ってからといわれる（沖森卓也『日本語全史』筑摩書房，2017）．

五十音順に配列された辞書は，『温故知新書^{おんこちしんしょ}』（1484）のように，近代以前にもないわけではないが，言葉は語頭の音によって五十音の各部に置かれ，さらに，それが乾坤・時候などの 12 門に分類されるという構成になっていた．見出し語を分類しないで，語頭だけでなく，語中，語尾も含めて一律に五十音順に並べるようになるのは近代以降で，大槻文彦の『言海』をもってその嚆矢とする．同書の「本書編纂の大意（十）」では，従来のイロハ順を捨て，アイウエオ順を採った経緯を，以下のように述べている．

> 各語ヲ，字母ノ順ニテ排列シ，又，索引スルニ，西洋ノ「アルハベタ」ハ，字数，僅ニ二十余ナルガ故ニ，其順序ヲ暗記シ易クシテ，某字ハ，某字ノ前ナリ，後ナリ，ト忽ニ想起スルコトヲ得．然ルニ，吾ガいろはノ字数ハ，五十弱ノ多キアルガ故ニ，〔略〕某字ハ，何辺ナラムカ，ト瞑目再三思スレドモ，遽ニ記出セザルコト多ク，ソノ在ラムト思フ辺ヲ，前後数字，推当テニ口ニ唱ヘテ，始メテ得ルコトトナル．〔略〕拟，又，五十音ノ順序ハ，字数ハ，いろはト同ジクレドモ，先ヅ，あかさたな，はまやらわノ十音ヲ記シ，此十箇ノ綱ヲ挙グレバ，其下ニ連ルかきくけこ，さしすせそ等ノ目ヲ提出スルコト，甚ダ便捷ニシテ，いろは順ハ，終ニ五十音ニ若カズ，因テ，今ハ五十音ノ順ニ従ヘリ．

　さて，見出し語を五十音順に配列するとはどういうことか．さらに子細に検討すると，まず，見出し語の1字目を五十音順に並べ，1字目が同字のときは語自体が1字のものを先に置き2字以上の語については2字目の五十音順に並べ，2字目まで同字のときは語自体が2字のものを先に置いて3字目の五十音順に並べ，というふうに3字目以降も同様の規則で配列される．

　見出し語の仮名は，今でこそ現代仮名遣いによっているが，戦前は概して歴史的仮名遣いによることが多く，その場合には発音と表記との間にずれがあった．大正期以降，発音に近づけるべくさまざまな見出し表記が試みられ，昭和になってからは新村 出 編『辞苑』（博文館，1935）や平凡社の『大辞典』（1936）のように独自の表音式仮名遣いによるものが現れてくる（1.3.1項参照）．

　たとえば，撥音「ん」は，現行の辞書では，例外なく五十音順の最終の位置に置かれるが，明治30年代ごろまでは，「む」と同列に扱われて「め」の前に置かれたり（注3），「を」の次としているものでも，促音の「っ」がその間に挟まれたりしていた（注4）．一方，促音の「っ」は，このように，直音の「つ」から切り離されて別の位置にまとめて置かれることはあったが，一般には，直音と同列に扱われて，とくに区別せずに単純に文字の五十音順に並べられていた．現代の国語辞典においても，促音の扱いは，直音「つ」と同列に置くが，1.2.2項でも述べるように，直音の前に置くか，後に置くかをあらかじめ決めていることが多い．

1.2.2　補助符号などの配列順（濁音・半濁音・小字・長音符）

　見出しの配列で，五十音の順番を決める文字に濁点や半濁点が付くときは，まれに，『大日本国語辞典』（冨山房，1915-1919）のように，「清音→半濁音→濁音」の順にしているものもあるが，『言海』以降，ほとんどの国語辞典は「清音→濁音→半濁音」の順に従っている．

　例1）ハート→ハード→バード→パート（『大辞泉　第2版』凡例）

　また，同字のときの順番を決める目安として，小書きのもの，すなわち促音・拗音と直音の前後関係があらかじめ定められている．現行のものでは，促音・拗音が先，直音が後とするものが多い．ただし，一部の小型辞典や学習用辞典などでは，直音が先，促音・拗音が後とするものもある．

　例2）きゃく【客】→きやく【規約】（『三省堂国語辞典　第7版』この辞書の

きまり）

　例3）ねつき【寝付き】→ねっき【熱気】（『岩波国語辞典　第8版』凡例）

　一方，片仮名表記で用いる長音符「ー」は，そのすぐ前の直音の母音が続いているものと見なして扱うことが多い．

　例4）ほうる【放る】→ホール【hole】（『大辞林　第4版』凡例）

1.2.3　同音語の配列順

　見出し語が同音の場合の配列の仕方は辞典によって異なるが，おおむね，漢字欄のあるなしにかかわらず，無活用・活用の別，自立語・付属語の別，品詞の別などによって順番を決め，しかる後に語種によって，多くは，和語→漢語→外来語の順，あるいは和語と漢語を区別せずに，平仮名→片仮名の順で配列する．そのうえで，漢字欄の有無で先後を決め，たとえば，漢字欄がある場合には漢字の数が少ない方を先，多い方を後にし，漢字の数が同数の場合は，画数の少ない方を先，多い方を後にする．同画数の場合は，『康熙字典（こうきじてん）』順によることもある．また，外来語で同じ語形のものは，原綴りの ABC 順にするものが多い．

　例5）もし【若】→もし【模試】→もし（無活用語で漢字欄の有無による配列）

　例6）こうかい【公海】→こうかい【公開】→こうかい【交会】→こうかい【光海】（漢語が漢字2字からなる場合の例）

　例7）バス（bass）→バス（bath）→バス（bus）

　ちなみに，品詞による配列は辞典により多様であるが，概して，無活用語（名詞→代名詞→形容動詞語幹→副詞→連体詞→接続詞→感動詞→助詞→接頭・接尾語）と活用語（動詞→形容詞→助動詞→接尾語）とに分けたり，自立語（名詞→代名詞→動詞→形容詞→形容動詞→副詞→接続詞→感動詞）と付属語（助動詞→助詞→接頭・接尾語）とに分けたりして，その先後関係を決めることが多い．もちろん，このように二分しないで最初から特定の品詞順を決めている辞書もある．また，同じ名詞でも固有名詞は普通名詞の後に置かれるのが一般である．

1.3　見出しの示し方

　現代の標準的な国語辞典の見出しは，まず，読みの部分を「現代仮名遣い」（昭和61年内閣告示第1号）によってアンチック体またはゴシック体で大きく示す．その場合，見出しの語構成がわかるように，その語を二分できるのであれば，そ

こにハイフンを入れたりスペースを入れたりすることもある．また，活用語には，語幹と語尾の切れ目に中黒（・）などの印を付けるのが一般である．その読みの直後には，歴史的仮名遣いを示すことが多いが，その場合，語構成の単位で見て，現代仮名遣いと重なるときは略し，異なるときは，その部分を小字で示すのが普通である．

　次に，相当する漢字表記は大きい字で示し，【　】〔　〕などの括弧でくくって際立たせることが多い．漢字は「常用漢字表」（平成22年内閣告示第2号）によって示すが，表外の字であったり，表外の読みであったりする場合はそれとわかるように小さな×や▲や△などの記号をつける．また，「明日（あす）」「大人（おとな）」「五月雨（さみだれ）」のように，結びつきの強い漢字列全体を訓読みするのが慣用となっている，いわゆる「熟字訓」もそれとわかるような示し方をする．仮名を送る場合は，「送り仮名の付け方」（昭和48年内閣告示第2号）によることが多い（注5）．

1.3.1　見出しと仮名遣い（語形のゆれ，現代仮名遣い，外来語の表記）

　今でこそ，見出しを現代語の音韻に従った「現代仮名遣い」によって表記することは普通だが，それは戦後の国語施策の一環として「現代かなづかい」（昭和21年内閣告示第33号）が示されて以来のことである．すでにふれたように，戦前は歴史的仮名遣いによることが多く，見出し表記と実生活での読みが違うので引きづらい側面があった．そのため，大正期になると『大日本国語辞典』のように，表音式仮名遣いの「仮名索引」を別に付ける試みもなされた．また，発音のままにローマ字で表記する『ローマ字びき国語辞典』（冨山房）のようなものも刊行されたが，戦後も，『ローマ字で引く国語新辞典』（研究社）などが刊行されている．

　昭和期に入ると，『大辞典』（平凡社）は見出しを和語も漢語も片仮名にして表音主義に徹し，長音符を使って「カーサン（母様）」「ヒコーキ（飛行機）」のように示した（現代仮名遣いでは「かあさん」「ひこうき」）．『広辞林』（三省堂）は，和語は歴史的仮名遣い，漢語は表音的な「写音」仮名遣いと使い分け，『辞苑』（博文館）は，和語も漢語も独自の表音式仮名遣いを用いた．その仮名遣いは戦後の『広辞苑』（初版〜第3版）にも引き継がれ，「こころずかい（心遣）」「みかずき（三日月）」「ちじみ（縮）」などと示されていた（現代仮名遣いでは「こころづかい」「み

かづき」「ちぢみ」).

　確かに,「現代仮名遣い」は,歴史的仮名遣いに比べれば,現代の語音に近い表記になっているとはいえよう.しかし,たとえば助詞の「は」「へ」「を」や,オ列長音の「う」(「おとう(父)さん＜オトーサン」,「とうだい(灯台)＜トーダイ)」) などは,必ずしも発音どおりの表記とはいえない.また,「ぢ」は「じ」に,「づ」は「ず」という原則は掲げるものの,「ちぢむ(縮む)」「つづく(続く)」などの連呼や,「はなぢ(鼻血)」「たづな(手綱)」などの連濁の場合は例外としている.とくに連濁の場合は,語源意識のあるなしで表記が分かれかねない「いなずま(稲妻)」などの例もあるので,必ずしも日常の発音どおりの「読み」から引けるわけではない点に留意する必要がある.

　見出し語が外来語である場合は,「外来語の表記」(平成3年内閣告示第2号)によるのが一般である.それ以前には,昭和29年に,国語審議会の術語・表記部会が総会で報告した「外来語の表記について」が一つの目安になっていた.そこでは,「外来語は,原則としてかたかなで書き」(原則1)と唱えられ,「長音を示すには,長音符号「ー」を添えて示し,母音字を重ねたり,「ウ」を用いたりしない」(原則7)とあり,告示に引き継がれている.しかし,たとえば「シェ」「ジェ」「ティ」「ディ」については「セ・ゼ・チ・ジ」が,「ファ・フィ・フェ・フォ」「ヴァ・ヴィ・ヴ・ヴェ・ヴォ」については「ハ・ヒ・ヘ・ホ」「バ・ビ・ブ・ベ・ボ」が推奨されていたのである.

1.3.2　見出しと語種(和語・漢語,外来語)

　外来語の見出しは,前述のように片仮名で表記するのが普通である.混種語の場合は,語構成の外来語の部分のみを片仮名にし,和語や漢語にあたる部分は平仮名にする.外来語とは海外から入って来て日本語として定着した言葉をいうので,漢語も外来語には違いないが,日本語に対する表記上あるいは音韻上の歴史的な影響の大きさから,狭義の外来語,すなわち欧米系または近代以降の中国語や朝鮮語とは区別して扱うことが一般である.とはいえ,『新潮現代国語辞典』のように,漢語の見出しを片仮名で表記したり,『新選国語辞典』のように,表記は平仮名のままで書体をアンチック体からゴシック体に変えて示したりするものもある.

　この場合,日本で生まれたものを和語といい,中国の古典漢籍由来のものを漢

語というが，「うめ（梅）」や「うま（馬）」などのように実際には出自がどちらともいえない言葉や，「火事」や「出張」や「物騒」などのように，和語に当てられた漢字を字音読みする漢字語もあるので，便宜的に，漢字の字音にない訓読みのものを「和語」といい，呉音・漢音・唐音（宋音）などの字音で読まれるものを「漢語」ということが多い．近代以降の中国語由来の語は，「シューマイ（焼売）」「チャーハン（炒飯）」のように外来語として扱う．

　ちなみに，明治以降の国語辞典に収録された見出し語の語種の割合を，「和語・漢語・外来語・混種語」の順に古いものから見ていくと，明治初期の『言海』(1891) が「55.8%・34.7%・1.4%・8.1%」，戦後すぐの『例解国語辞典』(1956) が「36.6%・53.6%・3.5%・6.2%」になっており（林大監修『図説日本語』角川書店, 1982），最近の『新選国語辞典　第9版』(2011) では，「33.2%・49.4%・9.0%・8.4%」という構成になっている．割合としては，和語は漸減し，漢語は一時期から和語を上回っているものの，やはり漸減し，かわって外来語と混種語が着実に増加している様子が見てとれる．

1.3.3　親見出しと子見出し

　国語辞典では，普通の見出しに対して，その語を先頭にもつ慣用句やことわざの類を見出しに準ずる形として太字で示し，五十音順に追い込んで集めることが多い．その場合，後者を「子見出し」といい，前者を「親見出し」という．中型辞典や一部の小型辞典では，慣用句やことわざだけではなく，複合語を親見出しに追い込むこともある．また，小型辞典によっては，あえて子見出しを設けず，すべて例文・例句として扱い，注の形で解説するものもある．いずれにしても，これらの言葉は，親見出し相当の部分がダーシ（―）などの符号で置きかえられることが多い．

　見出しの追い込みは，とくに紙の辞典ではスペースを節約するための工夫ということもできるが，一方では，そのことによって同じ言葉を成分にもつ語群が一覧できるようになるという便宜もある．なぜなら，すべてを親見出し扱いにして機械的に五十音順に並べてしまうと，それらの語は離ればなれになり，どのような仲間の語があるのかがわからなくなるからである．しかし，これも一長一短で，紙の辞書では語構成の先頭部分が一致するものだけが集められるので，当然のことながら語中・語末に親見出し相当部分のある項目は一覧できない．

これに対して，電子辞書であれば，語形さえわかっていれば，どのように配列されていてもピンポイントで目的の項目を探せるので便利だし，工夫すれば，子見出しや追い込み項目でも，語頭，語中，語末を問わず，親見出し相当の部分を含む言葉を集めることもできる．とはいえ，その検索結果の並べ方は，わかりやすいアルゴリズム（形式と手順）であるに越したことはない．その意味で，見出し語の配列に関する基本設計はいよいよ重要になってくるものと思われる．

辞書を引く楽しみは，紙と電子とを問わず，目的の語を探し当ててその意味と用法を理解することだけにあるのではない．その前後に並ぶ項目に目を向けたり，あるいは類語や派生語などの関連項目を眺めたりすることによって新しい言葉に出合うという楽しみもあるのである．　　　　　　　　　　　　　　　[佐藤　宏]

注

注1　コーパス（corpus）は言語資料体と訳されるが，とくに，研究目的に応じて網羅されたデジタルテキストの総体をいい，形態素解析などによって構造化された資料体をいう．文字列だけではなく，語彙素や読み（語形）でも検索でき，品詞や共起する言葉などの条件を加えられるような仕様になっている．

注2　『三省堂国語辞典　第3版』(1982) の編集主幹・見坊豪紀による序文に「辞書は“かがみ”である——これは，著者の変わらぬ信条であります．辞書は，ことばを写す“鏡”であります．同時に，辞書はことばを正す“鑑”であります」とある．

注3　「む」の後に撥音「ん」を置く辞書は，大槻文彦『言海』(明治22〜24)，物集高見『日本大辞林』(明治27)，三田村熊之介『日本新辞書』(明治28)，落合直文『ことばの泉』(明治31〜32) などがあった．

注4　「を」の後に促音「っ」をはさみ撥音「ん」を置く辞書は，山田美妙『日本大辞書』(明治25〜26)，藤井乙男・草野清民『帝国大辞典』(明治29)，林甕臣・棚橋一郎『日本新辞林』(明治30) などがあった．

注5　「送り仮名の付け方」には七つの「通則」があり，それぞれ「本則」が示され，必要に応じて「例外」「許容」が示される．たとえば「通則1」の「本則」に，活用のある語は活用語尾を送るとあり，「憤る」「承る」「書く」などの語例を挙げる．「例外」として，たとえば語幹「し」で終わる形容詞は「し」から送るとし，「著しい」「惜しい」などの例を挙げている．さらに「許容」として，「表わす」「行なう」などは活用語尾の前の音節から送ることができるとしている．

② 国語辞典の語の構成要素

2.1 語 構 成

2.1.1 語構成の示し方

国語辞典においては，その語がどのような形態素（注1）で構成されているかという語構成の情報は見出し語に示されている．示し方は，見出し語が語か接辞か，語の場合，単純語か合成語（注2）か，また活用語か非活用語かによって異なるが，語の切れ目は「−」（ハイフン）で示されることが多い．さらに，その見出し語を構成要素とする合成語がある場合，例が示されることがある．

（例）な−まえ【名前】名……―まけ【名前負け】名自サ……

語構成は，合成語を構成する形態素の数にかかわらず，基本的には（1）のように語と語の切れ目や，語基と接辞の切れ目で大きく二つに分けて示される．以下では合成語の名詞を取り上げ，見出し語の語構成の示し方を述べる．

（1）語構成要素の意味上の切れ目を「−」によって二つに分けて示す．

あっ−しゅく【圧縮】，い−カメラ【胃カメラ】，アン−インストール〈uninstall〉，あ−かんたい【亜寒帯】，ひとさし−ゆび【人差し指】，しゃこう−ダンス【社交ダンス】，ひ−せんとういん【非戦闘員】，ふかしん−じょうやく【不可侵条約】

（2）語構成要素が並列的な意味関係のため，形態素ごとに「−」で分けて示す．

しょう−ちく−ばい【松竹梅】，し−ちょう−そん【市町村】，と−どう−ふ−けん【都道府県】

その他，「お−まわり−さん【お巡りさん】」のように，語基と接辞で三つに分けて示された例もある．また，見出し語が接辞の場合，「−」で接頭語か接尾語かの別を示すことがある．

（例）お―【御】①…「―考え・―美しい」②…「―菓子・―酒」…

―さ……「さむ―・うれし―・おもしろ―」

また，見出し語になる語構成要素として「造語成分」がある．接辞と造語成分の表示には国語辞典によって揺れが見られ，造語成分は明確な意味を表すが，単独では語とならず，合成語を構成する要素ととらえてよいだろう．

（例）き【器】 造 ①…「食器・容器」②…「消火器・注射器」③…「呼吸器」…

マン 〈man〉 造 ……「カメラ—・サラリー—」

2.1.2　固有名詞の場合

見出し語になる固有名詞には「人名・地名・国名・書名」等がある．固有名詞の場合，見出し語として語構成がどのように示されるかを以下に述べる（注3）．

（1）人名：①のように姓と名を「-」で分けて示す．②のように，歴史上の人物は身分や職位で呼ばれている場合，「-」で分けて示される．

①もとおり-のりなが〈本居宣長〉，かもの-ちょうめい〈鴨長明〉，なつめ-そうせき〈夏目漱石〉

②しょうとく-たいし〈聖徳太子〉，せい-しょうなごん〈清少納言〉，むらさき-しきぶ〈紫式部〉

（2）地名：①のように基本的には分けずに示す．しかし，②のように普通名詞としての意味があるととらえている辞典では，「-」で分けて示しているものもある．『日国』（『日本国語大辞典　第2版』（小学館，2001））では「東京」について，第一の語義として「東のほうにある都．また，東の方の国の都」と普通名詞としての意味を示し，見出し語も形態素を「-」で分けている．同様に，「九州」については，「日本全土のこと」という意味を示し，「-」で分けている．

①おおさか〈大阪〉，ふくおか〈福岡〉，

②とうきょう／とう-きょう〈東京〉，きゅうしゅう／きゅう-しゅう〈九州〉

③のように，旧国名を表す固有名詞は，和名では単純語として分けずに示されるが，漢語名では形態素で分けて示されている．

③ひたち〈常陸〉／じょう-しゅう〈常州〉，むさし〈武蔵〉／ぶ-しゅう〈武州〉

（3）国名：①のように原語が合成語の場合，構成要素に基づき「-」で分けて示す場合と分けない場合がある．②のように日本語において合成語の場合は，意味の切れ目を「-」で分けて示すが，示し方が異なる場合がある（注4）．

①ニュー-ジーランド／ニュージーランド〈New Zealand〉

パプア-ニュー-ギニア／パプアニューギニア〈Papua New Guinea〉

②アラブ-しゅちょうこく-れんぽう／アラブしゅちょうこく-れんぽう〈アラブ首長国連邦〉

（4）書名：区切らずに示す.

いせものがたり〈伊勢物語〉，まくらのそうし〈枕草子〉，さんごくし〈三国志〉

2.2 活 用 語

2.2.1 活用語の見出し

活用とは，「同一の単語が用法の違いに応じて，異なった形態をとること」である（注5）.そのように活用する語を活用語といい，活用語が活用してとる種々の語形を活用形という.日本語の活用語には，動詞，形容詞，形容動詞，助動詞がある.活用語は，変化しない「語幹」と，変化する「活用語尾」からなる（活用語尾については2.2.2項参照）.

（例）　ある・く（歩く）　　うつくし・い（美しい）
　　　　語幹　活用語尾　　　　　語幹　活用語尾

動詞と形容詞については2.2.2項で述べ，ここでは形容動詞の見出しについて述べる.形容動詞は，すべて語幹部分が見出しとなる.形容動詞語幹は，語種と語構成からみて，いくつかの種類がある.以下に分けて例を示す.

（1）和語形容動詞

①単純語：ひま【暇】，へた【下手】，まれ【稀】，もっとも【尤も】，やわ【柔】

②派生語：はな-やか【華やか】，ひや-やか【冷ややか】，しず-か【静か】，はる-か【遥か】

（2）漢語形容動詞：けん-こう【健康】，こう-だい【広大】，しん-せん【新鮮】，だい-じょうぶ【大丈夫】，ふ-ぎり【不義理】，ふか-しぎ【不可思議】

（3）外来語形容動詞：ソフト〈soft〉，デラックス〈deluxe〉，ベター〈better〉，ラフ〈rough〉

和語は，単純語と派生語がある（複合形容動詞については2.2.3項参照）.単純語は1形態素の語幹が見出し語になる.「はなやか・ひややか」は，語基「はな，ひや」と接尾語「やか」で構成された派生語なので，見出し語は「-」で区切られている.「やか」は，名詞や形容詞等の語幹について形容動詞語幹を造る接尾語である.「しずか」の「しず」は「しず-しず・しず-ごころ」等，「はるか」の

「はる」は「はるばる」等の合成語を造る語基である．それらの語基と接尾語「か」からなる派生語なので，「−」で区切られる（注6）．漢語形容動詞は，「けんこう・こうだい」等は二つの形態素が分けて示される．「だいじょうぶ」等の3以上の形態素からなるものは，意味のまとまりで「−」によって二つに分けて示される．外来語形容動詞は1形態素がそのまま見出し語となる．

2.2.2　語幹と活用語尾

　見出し語が動詞と形容詞の場合，語幹と活用語尾が「・」（中黒）で区切られている．また，動詞，形容詞，助動詞の見出し語は，言い切りの語形である終止形で示され，見出し語の後に品詞（品詞は 6.1.1 項参照）が表示され，変化する活用語尾が載っているものもある．

　（1）動詞の例：あそ・ぶ【遊ぶ】自五　バ・ボ｜ビ・ン｜ブ｜ブ｜べ｜ベ

　（2）形容詞の例：たのし・い【楽しい】形　カロ｜カツ・ク｜イ｜イ｜ケレ｜○

　動詞には，「着る，似る，寝る，来る，する」等，語幹と活用語尾が区別できない語がある．それらは，以下のように見出し語も「・」で区切られない．

　きる【着る】，みる【見る】，でる【出る】，ねる【寝る】，くる【来る】，する

　形容詞終止形の活用語尾は，すべて「い」である．なお，「い」は「黄色い・四角い」等，名詞に付いてそれを形容詞化する接尾語として見出し語に立項している辞典もある（注7）．助動詞は，終止形が見出し語となる．

　（3）助動詞の例：ます助動　マセ・マショ｜マシ｜マス｜マス｜マスレ｜マシ・マセ

　二つ以上の語が連結して，ひとまとまりの意味を表す言語単位を連語（連語は6.1.2 項参照）という．たとえば「木の実・期せずして・ろくでもない」等で，活用するものもある．

　（4）活用連語の例：①さしつかえ−な・い【差し支えない】形　②つい・てる自下一

　①は名詞「さしつかえ」に形容詞「ない」が連結した連語である．見出し語は，「−」で語の切れ目を示し，活用語「ない」は，「・」で語幹「な」と活用語尾「い」が区別されている．②は，動詞「つく」に，補助動詞｜いる」が連結した連語「ついている」の短縮形で，「幸運にめぐまれている」という意味である．活用語尾の部分が「・」で分けて表示されている（注8）．

　慣用句は「油を売る・手を出す・足を洗う」等で，二つ以上の語が固定的に結

びついて全体で特定の意味を表すものである. たとえば,「油・手・足」等, 慣用句内の最初の自立語が見出し語となり, そのなかで提示されることが多い.「手を焼・く」等,「・」で活用語尾が示されることがある.

2.2.3 活用語の合成語形

活用語の合成語には, 複合語と派生語があり, それぞれに動詞, 形容詞, 形容動詞がある. なお, 合成語の品詞は, 右側の構成要素の品詞によって定まる. ただし, 形容動詞はそうとは限らない.

（例）あお＋さめる→青ざめる　　こころ＋くるしい→心ぐるしい
　　　 名詞　動詞　　 動詞　　　 名詞　 形容詞　　　 形容詞

2語で形成される活用する複合語は, 語構成を品詞によって示すと次のものがある. 以下では, 名詞は N, 動詞は V, 形容詞（語幹）は A, 形容動詞（語幹）は AN, 副詞は AD と表す.

（1）複合動詞：①N＋V（手伝う）②V＋V（泣き明かす）③A＋V（近寄る）④AD＋V（くよくよする）

（2）複合形容詞：①N＋A（罪深い）②V＋A（寝苦しい）③A＋A（悪賢い）

（3）複合形容動詞：①N＋AN（心丈夫）②N＋A（気弱）③N＋V（耳寄り）④A＋V（苦し紛れ）

複合動詞のうち,「勉強する・ゆったりする」等のサ変動詞の語幹「勉強・ゆったり」に「できる」が後接した「勉強できる・ゆったりできる」を「可能動詞」ということがある. これらも活用語の合成語形であるが, 国語辞典においては, この種の「可能動詞」についての情報は示されないことが多い.

活用する派生語は, 活用語の前に接頭語がついた（4）と, 語基に動詞, 形容詞, 形容動詞語幹を造る接尾語がついて形成された（5）～（7）がある. これらの接尾語は意味を添えるとともに語基の品詞を変える働きをするものである. これらは, 接尾語自体が見出し語となり, 派生語は見出し語とならない場合もある.

（4）接頭語＋活用語の例：打ち–沈む, か–弱い, け–だるい, もの–寂しい, 真–正直

（5）動詞を造る接尾語と語例：–がる, –じみる, –だつ, –めく, –る

嫌がる（AN→V）, 垢じみる（N→V）, 殺気だつ（N→V）, 春めく（N→V）, サボる（N→V）

(6) 形容詞を造る接尾語と語例：-い，-くさい，-っぽい，-にくい，-らしい

赤い（N→A），水臭い（N→A），飽きっぽい（V→A），やりにくい（V→A），

女らしい（N→A）

(7) 形容動詞語幹を造る接尾語と語例：—げ，—ぎみ，—的，—風，—チック

楽しげ（A→AN），風邪ぎみ（N→AN），現代的（N→AN），当世風（N→AN），

乙女チック（N→AN）

見出し語が活用する合成語の場合，「-」で語の切れ目が，「・」で活用語尾が示される．形容動詞は語幹が見出し語となり，語の切れ目が「-」で示され，活用語尾は示されない．

（例）て-つだ・う【手伝う】，もの-がなし・い【物悲しい】，こども-っぽ・い【子供っぽい】，苦し-まぎれ【苦し紛れ】　　　　　　　　　　［山下喜代］

注

注1 語を分析して得られる最小の言語単位．形態素は，語の中核的な意味を担う語基とつねに語基と結合して語を形成する接辞（接頭辞 / 接頭語と接尾辞 / 接尾語）に分けられる．なお，多くの国語辞典では，接頭語・接尾語が使用されるので，ここでもそれらを使うことにする．

注2 語構成から見ると，語は1語基からなる「単純語」，複数語基からなる「複合語」，語基と接辞からなる「派生語」に分けられ，複合語と派生語を合わせて「合成語」ということがある．

注3 『広辞苑　第7版』（岩波書店，2018），『新選国語辞典　第9版』（小学館，2011）を参考にした．収録語数6〜7万語の小型国語辞典は，固有名詞が収録されていないものもある．

注4 ①②の例のうち，／の左側が『広辞苑』，右側が『新選国語』の見出し語の表示である．

注5 たとえば，「歩く」は，打消しの助動詞「ない」が後接する場合は「あるか＋ない」，丁寧の助動詞「ます」が後接するときは「あるき＋ます」のように語尾が変化する．

注6 国語辞典によっては，「しず-か・はる-か」等を単純語として扱い，「しずか・はるか」と表示するものもある．

注7 『日本国語大辞典』では，「い」が「名詞または名詞的な語についてこれを形容詞化する」接尾語として見出し語になっている．

注8 連語の場合，国語辞典によっては，品詞が表示されず「連語」とだけ表示されることもある．

3 国語辞典と歴史的仮名遣い

3.1 歴史的仮名遣い

3.1.1 歴史的仮名遣いの問題

仮名遣いとは，文字と音韻との対応関係に関するルールである．ルールが必要である理由は，日本語の歴史的な変化の結果，文字と音韻との対応関係にずれが生じてしまったためにそのずれを補正する必要があるからである．たとえば，ア行の「お」とワ行の「を」の音韻は，それぞれ [o] [wo] であったが，鎌倉時代には [wo] に統一される．[o] [wo] を発音上区別していれば，たとえば「男」を仮名で表記する場合に [wotoko] と発音していれば正しく「をとこ」と表記できるのだが，[o] [wo] を発音上区別していなければ，「おとこ」「をとこ」の二通りの表記の可能性が生じてしまう．そこで，「男」を仮名で表記する際には「をとこ」と書くというルールが必要となる．

それでは，このようなルールをどのようにして決めるのかというと，文字と音韻のずれは音韻の変化によって生じるから，音韻が変化をする前の日本語の表記に基づけばよいということになる．そのことに気がつき，仮名遣いを整理したのが江戸時代の真言宗僧であり，国学者でもある契沖（1640〜1701）である．契沖は，『万葉集』研究を進めるなかで，当時通用していた「定家仮名遣い」に矛盾のあることに気がつき，正しい仮名遣いとして『和字正濫抄』(1693) を著した．この仮名遣いを契沖仮名遣いといい，その後修正されて現代の歴史的仮名遣いへとつながっている．

歴史的仮名遣いは，このように一つの音韻に対して複数の文字がある場合だけが問題となるのではなく，現代では一つの文字である場合についても厳密には区別を要する場合がある．たとえば，えび［海老］の「え」はア行であるが，えだ［枝］の「え」はヤ行である．ア行であっても，ヤ行であっても，現代では「え」

と表記するのであるが，それらは平安時代中期までは音韻上ア行の「え」は [e]，ヤ行の「え」は [je] と区別されていたので，仮名遣いとしては分けて考えなければならない．しかし，平仮名自体が未完成であったために，仮名文字として使い分けるという習慣の定着までには至らなかった．

3.1.2　辞書での示し方

国語辞典には，歴史的仮名遣いが見出し語の直後に示されていることがある．その示し方は，多くの国語辞典においては見出し語が一語の場合は見出し語の全部を，複合語の場合には歴史的仮名遣いを含む部分のみを示している．たとえば，見出し語「病」は「やまひ」となっている一方，「気の病」は「‥やまひ」と示されている．

このように，国語辞典には歴史的仮名遣いが表示されているのであるが，その歴史的仮名遣いは一般的な国語辞典の利用者の目的の範囲内で記載されている．たとえば，和歌などの創作に際して古典的な表記する際に，川が「かわ」であるのか「かは」であるのかを知るときに利用される．ア行の「え」とヤ行の「え」とは仮名遣いの歴史上は区別をしてとらえるべきだが，一般的な利用目的を想定した場合には結局のところ文字としては「え」となるので，その区別までは記されていない．

3.2　字音仮名遣い

3.2.1　字音仮名遣いとその原則

漢字は中国文化のなかで発達し用いられていたものが，周辺地域にもその影響を及ぼし，日本に移植されたものである．中国の音韻体系のなかで用いられてきた漢字を，日本に移植するに際しては，中国語にあって日本語にない発音が問題となる．そのような場合には，音を捨て去る，あるいは別の音に置きかえる，ということをしなければならない．そのようにして日本語の音韻体系に即した形で音を仮名で表記したのが字音仮名遣いである．

字音仮名遣いは，その中国語音をいかにして日本語音韻体系に移しかえたかという結果である．その際に問題となるのが音節構造の違いで，中国語の音節は IMVF/T（頭子音（Initial）＋介音（Medial）＋母音（Vowel）＋韻尾（Final）/韻尾（Tone））という複雑な構造であるのに対して，日本語の場合は V（母音），

あるいはCV（子音＋母音）という単純な構造となっている.

　中国語音を日本語音に移しかえる原則としては，以下のようになっている.

　漢字音が「亜」のようにV（母音）のみである場合には，ア（V）のようになる.「多」の場合には，タ（CV）のようになる. M（介音）がある場合には，たとえば「居」の場合は，キヨ（CMV）となり，「花」の場合には，クワ（CMV）となる. 日本漢字音では，「居」の場合のキヨを開拗音，「花」の場合のクワを合拗音として区別をしているが，現代日本語ではこの区別はない. また，「海」のように子音のあと ai のように母音が連続する韻尾をもつ場合には，カイ（CV-V）のように二音節化される. この二音節化は，「作」のように入声韻尾-k をもつ場合には，サク（CV-CV）のように母音を補って二音節化される. また，「漢」のように撥音韻尾をもつ場合には，カン（CV-C）として撥音子音を独立させ，二音節化された.

　このように，日本語の音節構造と似ている中国語音についてはそのまま移しかえられたが，複雑なものについては多くの場合で二音節化された.

3.2.2　漢字表記が複数ある場合

　国語辞典には，見出し語の直後に漢字による書き表し方が示されている. その漢字表記が複数示されている場合がある. たとえば，『岩波国語辞典　第8版』の「あがる」の項目には，【上がる・揚（が）る・挙（が）る・騰（が）る】とある. これらの漢字表記は，同訓異字とよばれるもので，国語辞典では意味による使い分けの目安が示されている.

　このような同訓異字の使い分けについては，国語審議会漢字部会によって作成された，「「同訓異字」の漢字の用法」（昭和47年6月28日）によって知ることができる. 先の「あがる」については，以下のように説明されている.

　　あがる・あげる

　　　上がる・上げる—地位が上がる. 物価が上がる. 腕前を上げる. お祝いの品
　　　　物を上げる.

　　　揚がる・揚げる—花火が揚がる. 歓声が揚がる. たこを揚げる. 船荷を揚げ
　　　　る. てんぷらを揚げる.

　　　挙げる—例を挙げる. 全力を挙げる. 国を挙げて. 犯人を挙げる.

　　同訓異字の使い分けについては，文化庁の調査によれば，約75%の人が文章

を書くときに漢字の選び方で迷うことがあるとしている（平成24年度「国語に関する世論調査」の結果の概要」）．とくに，「とる」「すすめる」において回答の揺れが大きいということで，国語辞典において漢字表記を複数記載し，その使い分けについて記すことは適切な表記の指針となる．

このように，意味によって漢字を使い分ける場合に複数の漢字表記が示されている場合のほか，意味としては異ならないが漢字表記の制限によって複数の表記が示されている場合もある．たとえば，「てちょう」の項目には「手帳」「手帖」の二通りの表記が示されている．これは，「同音の漢字による書きかえ」（昭和31年7月5日　国語審議会報告）において，「テチョウ」の漢字表記として「帖」が当用漢字表に無いために，「帳」と書きかえることが示されている．

「帳」は本来「とばり」や「たれまく」の義をもつ漢字であり，「帖」は「はりがみ」や「かきつけ」の義をもっているので「手帖」のチョウは「帖」が適当である．しかし，現行の「常用漢字表」にも「帖」字がないために，表記としては「手帳」が用いられるが，本来的な「手帖」もあわせて国語辞典では示している．

[橋村勝明]

④ 国語辞典とアクセント

4.1 共通語アクセントと辞典

　現代日本語のアクセントは大きく東京式，京阪式，九州西南部の二型アクセントに分かれ，それぞれがさらに枝分かれする．全国的な方言アクセントの小型専門辞典では，平山輝男『全国アクセント辞典』（東京堂出版，1960）が代表的である．

　現代日本語では，東京方言が共通語として機能しているため，アクセントと発音の情報を専門とするアクセント辞典では東京式アクセントが記される．しかし，金田一春彦・秋永一枝『明解日本語アクセント辞典　第2版』（三省堂，1981）では序文で代表的なアクセント辞典の方針の違いを以下のように述べている．

> 　NHKの辞典は，一口に言うと全国共通語の発音とアクセントの辞典だ．ということは，必ずしも東京という土地の発音とアクセントを収めたということではない．（中略）一方，この私どもの『明解日本語アクセント辞典』は，純粋の東京の発音，東京のアクセントと見られるものに焦点をあて，俗語や東京なまりの類までとりあげた．　　　　　　　　（金田一春彦による序文）

東京式アクセントを載せる専門辞典でも，編集方針によって共通語か東京語か，語に付すアクセントに違いが生じるわけである．そのため，同じ東京式を採用する辞典でも語によってはアクセントが異なることがある．また，世代差，個人差もあり，同じ語に二つのアクセントを認めることもめずらしくない．

　これに対して，大型国語辞典では『日本国語大辞典』は初版以来，現代の標準的アクセントのほかに，京都アクセント，アクセント史の情報も示す．

　中型・小型国語辞典では，アクセント情報を載せない方針のものが多い．小型国語辞典の場合，共通語アクセントを採用するのが一般的である．山田忠雄他『新明解国語辞典』は東京生まれのインフォーマントによるアクセントを採用していた時期があるが，第7版（2011）では「東京通用アクセント」と掲げ，共通語

アクセントとほぼ同じ趣旨となった．なお，近代の国語辞典で見出し語に東京アクセントの情報を与えたのは，山田美妙（やまだびみょう）の『日本大辞書（にほんだいじしょ）』(1893) が初めてである．

4.1.1 モーラ（拍）

辞典の見出し語には通常仮名が使われる．日本語の仮名1字は，「あ・い・う・え・お」が母音，「ん」が子音を表すほかは〈子音＋母音〉のセットを1字がになっている．これはほぼ音節という日本語音声の基本的な単位に相当する．この音節の時間的長さをモーラまたは拍（はく）とよぶ．モーラはリズムの単位であり，俳句の五七五や短歌の五七五七七とはモーラの数を指す．時間的長さが異なると，「オジサン→♪♪♪♪」と「オジーサン→♪♪♪♪♪」，「キテ（来て）→♪♪」と「キッテ（切手）→♪ヵ♪」のように語の弁別や聞こえ方の自然さに問題が生じる．

共通語のアクセントはモーラを単位として決められるが，モーラの構造は，

母音（vowel）をV，子音（consonant）をC，半母音をS（semivowel）と略記すると，

①V（ア行），②CV（ヤ行・ワ行以外），③CSV（拗音），④SV（ヤ行・ワ行），⑤ン（撥音），⑥ッ（促音），⑦ー（引き音）

のように表すことができる．共通語では仮名1字がほぼ1モーラに相当するが，拗音・合拗音では「きゃ・きゅ・きょ」「くゎ・くぃ・くぇ・くぉ」など，外来語では「ティー」「カフェ」など，小書きした仮名を添えた2字も1モーラとして扱う．日本語のモーラの多くは単純な②CVタイプで，単語としては，モーラ数3〜4の語が多いとされる．

⑤〜⑦は，原則として語頭にこない，音節としての独立性が弱い，ということから特殊モーラ（特殊拍）と呼ぶ．

国語辞典でこれらは自立語として見出し語の先頭に立たないが，『三省堂国語辞典』では「それで」のくだけた形「んで」や，感動詞「んんん」，前の文脈を受ける「というか」のくだけた形「っていうか」など，特殊モーラで始まる語を見出し語に立てているが，これも編者の判断によるものであろう．

4.1.2 アクセントのタキとアクセント核

共通語のアクセントは1語のなかで，どのモーラが高く，どのモーラが低いかという相対的な音の高低配置で決まる．2モーラ以上の語は，語のなかで高低を

比べられるが，1モーラ語だと高低がわからない．名詞の場合，その語に助詞「が」をつけると確かめられる．モーラが［高］→［低］と高さが移動するときは，川が下るようになだらかに移動するのではなく，滝のように落ちることから，［高］と［低］の間に「アクセントのタキ」がある，という．また，タキの直前のモーラを「アクセント核」と呼ぶ（型式は表1参照）．

　アクセント核の位置に注目すると，共通語アクセントには次の法則がある．

　①語の1モーラめと2モーラめは必ず高さが異なる．

　②同じ語のなかに，高くなるモーラが離れて二つ以上存在しない．

　これらの基礎的な知識があれば，記号化された辞書の表示から，アクセント情報を得ることができる．

4.2　アクセントの示し方

　国語辞典では自立語に限ってアクセントを示すものがほとんどで，地名・人名などの固有名詞には原則としてつけないのが普通である．また，動詞，形容詞は終止形のみを示すのが原則だが，助詞，助動詞などのついた文節アクセントを付録で別途解説するものもある．複合名詞は編集方針にもよるが，省略されることが多いので，語基となる見出し語にもどって確認する必要がある．

　アクセントの示し方として，視覚的にわかりやすいのは，表1のような図だが，簡略な示し方がいくつか考案されている．

　表2のA〜Dは，学術論文などで用いられるが，辞典の場合はスペースに限りがあるので，語形を示す見出しに簡単な記号を加えたり，記号を用いるときもいっそう簡略な方式が採用される．また，多くの国語辞典は縦組なので，F〜Hのような方式はなじまないようである．横組ならば，アクセントのタキを示す方式が有効だろう．また，日本語をローマ字表記して見出し語とする和英辞典（『研究社和英中辞典』など）ではH方式が採用されることがある．

　縦組が多い国語辞典の場合は，アクセント核に注目する方式が好まれる．

　野村雅昭他『新選国語辞典　第9版』（2011）では，Eに準じる方式で，見出し語のアクセント核のあるモーラを朱色で示す方式を採用する．

　『大辞林』『新明解国語辞典』は初版からIの方式を採用する．これは何モーラ目にアクセント核があるかを数字で示すもので，平板式の場合は，⓪とする．この方式だと，同じ語で複数のアクセントが併存する語も，数字を併記すればすむ

表1　名詞アクセントの種類（『新選国語辞典　第9版』2011）

		一拍語	二拍語	三拍語	四拍語	五拍語
平板式		ヒ⌐が（日）	ミ⌐ズーが（水）	サ⌐クーラーが（桜）	ジャ⌐ガーイーモーが（じゃが芋）	オ⌐クーリーモーノーが（贈り物）
起伏式	尾高型		ヤ＼マ／が（山）	オ／トーコ＼が（男）	イ／モーウート＼が（妹）	ア／リーノーマーマ＼が（ありのまま）
	中高型			キ／ノ＼ウーが（昨日）	オ／オーア＼メーが（大雨）	ニ／ワーカーア＼メーが（にわか雨）
					ヒ／マ＼ワーリーが（ひまわり）	カ／スーリ＼キーズーが（かすり傷）
						オ／ト＼ウーサーンーが（お父さん）
	頭高型	ヒ＼が（火）	ハ＼ルーが（春）	ミ＼ドーリーが（緑）	ファ＼ッーショーンーが（ファッション）	チュ＼ーリーッープーが（チューリップ）

表2　アクセントの示し方（『図解日本語』2006）

式	起伏式				平板式
型	頭高型	中高型		尾高型	平板型
例語	マイニチ（毎日）	ムラサキ（紫）	アマガサ（雨傘）	イモート（妹）	トモダチ（友達）
A	⌒○○○ガ	○⌒○○ガ	○⌒○○ガ	○○○⌒ガ	○○○○ガ
B	高低低低	低高低低	低高高低	低高高高	低高高高
C	HLLL	LHLL	LHHL	LHHH	LHHH
D	●○○○▷	○●○○▷	○○●○▷	○○○●▷	○○○●▶
E	マイニチ	ムラサキ	アマガサ	イモート	トモダチ
F	マ⌐イニチ	ムラ⌐サキ	アマガ⌐サ	イモート⌐	トモダチ
G	マイニチ	ムラサキ	アマガサ	イモート	トモダチ
H	⌐ma⌐inichi	mu⌐ra⌐saki	a⌐maga⌐sa	i⌐moto⌐	to⌐modachi
I	①	②	③	④	⓪
J	マ	ラ	ガ	ト	0
K	-4	-3	-2	-1	0
L	04	03	02	01	0

ので省スペースとなり都合がよいが，アクセント核の知識が前提となる．これは
早く金田一京助『明解国語辞典』(三省堂，1944) で採用されたもので，歴史が
長い．

　『日本国語大辞典』『集英社国語辞典』では初版から，Jを採用するが (『集英社』
は平板式を平)，Iの方式と原理は同じである．また，ただこの場合，「かたたたき」
のように，同じ語のなかに同音のモーラがあるときは，"タ₂"のように何番めの
「た」なのかを数字で示している．

　『新明解発音アクセント辞典』や『NHK 発音アクセント辞典　新版』(1998)
ではGに準じる方式を採用しているが，『NHK 発音アクセント新辞典』(2016)
ではL方式に変わった．"＼"でアクセントのタキを示し，平板式の場合は，末
尾に"￣"をつけるという，新しい方式である．

　このように，各辞書でアクセント表示の方式は異なっている．　　　[木村義之]

⑤ 国語辞典の語の表記

　ふだん国語辞典は，どのような目的のために使われるのか．社会人・大学生へのアンケートをとおしてこれを調べた沖森（1994）では，漢字表記や送り仮名など語の表記を確認するために使うとの回答が最も多かったという．つまり，表記辞典として国語辞典が利用されているということである．しかしその後，十数年を経て次のような指摘が現れる（野村，2011，p.18）．

　　国語辞書の用途のひとつに，語の標準的な表記法をしらべることがあった．
　　これは，かなり多数の読者の要求であったとおもわれる．しかし，近年では，
　　以前ほどではなくなった．それは，「常用漢字表」や表記の規則が標準的な
　　ものから目安にかわったことと関係があるだろう．

「常用漢字表」（1981年に内閣告示，2010年に改定）は，漢字使用の「目安」であるため，漢字表にある漢字（表内字）と音訓（表内音訓）の範囲をこえ，そこにない漢字（表外字）と音訓（表外音訓）を使うことも可能である．したがって，文章を書く際に，こまめに辞書で使える字かどうかを確認するといったことは自然に少なくなる．もっとも，新聞・放送や教科書などの分野では，「常用漢字表」および「現代仮名遣い」（1946年に内閣告示，1986年に改定．2010年に一部改正），「送り仮名の付け方」（1959年に内閣告示，1973年に改定．2010年に一部改正）などに基づいた表記を行う方針であるため，表記の手引として表記辞典が欠かせない．新聞・放送のものは，一般向けに市販されてもいる．共同通信社の『記者ハンドブック』は，新聞の分野における代表的な表記辞典である（以下『記者ハンドブック　第13版』を『共同』と表記し，新聞表記を示すのに用いる）．新聞記事を書くために，語ごとに標準的な表記をはっきり示す必要があるため，たとえば表外字を含む「轢死」は「れき死（体）」と，漢字の仮名の交ぜ書きをすることに決めている．交ぜ書きについて批判が多いことはさておき，「轢」が表外字である以上，このように書くことに決めておかないと（あるいは

「稟議_{りんぎ}」のようにルビをつけて書くことにしている語もある），記者などの書き手が表記に迷うことになる.

　一方，国語辞典の場合，多くは「常用漢字表」に準拠することをうたい，×（表外字），△（表外音訓）などの記号によって，漢字ごとの区別がつくように表示する（『広辞苑』はこのような区別を設けない点で例外的）．もし，国語辞典に表記辞典としての役割をもたせたいのであれば，「轢死」について「れき死」といった形を示さないと不徹底であるが，このような表記を示す辞書は見当たらない．つまり，表記辞典として国語辞典を利用したくても，判断に迷う部分が残るということである．以下では，現行の国語辞典が，そもそも表記辞典として，十分に有用か否かという観点から解説を加える.

5.1　漢 字 表 記

5.1.1　標準表記

　多くの国語辞典では【　】または［　］内に標準的な表記を示している．［　］や（　）などを用いて，標準的ではないものの，そのように書く慣用がある表記（慣用表記）が示されることもある．標準表記が複数ある場合には，中黒「・」を用いて併記するが，より標準的と考えられる表記が先に記されるのが普通である．たとえば「そりゃく」という語は「【粗略・疎略】」のように示される．このように複数の表記が併存する語は，「幸運・好運」など，とくに漢語においては数が多く，表記のゆれにつながる．もっとも，辞書によっては，このようなもののうち，一方を標準的な表記として優先的に扱う場合もある．たとえば『明鏡国語辞典　第2版』（『明鏡』）では「幸運」を標準表記とし，標準表記欄とは別立ての「表記」欄に「好ましい巡り合わせの意では，「好運」とも」と注記する．このような処理により，通常は「幸運」と書けばよいとの判断がしやすくなる．新聞・放送では，表記のゆれを防ぐ目的から，「（好運）→幸運」「（疎略）→粗略」のように統一的に表記する．なお「荷担・加担」の場合，多くの国語辞典が「荷担」を本来的な表記として優先するのに対し，新聞・放送では「加担」を使用することに決めているが，このような語に関しては，国語辞典と新聞・放送などとの間でなんらかの調整をはかる必要があるのではないか.

　「表記」欄の内容に，辞書ごとの特徴が出る場合もある．「しょうゆ」を例に『明鏡』と『新明解国語辞典　第7版』（『新明解』）とを比べてみる.

　　しょう-ゆ【▼醬油】(中略) 表記 (1)「醬」は,「醬」の簡易慣用字体. (2)
　　民間表記で俗に「正油」とも.(『明鏡』)
　　しょうゆ【〈醬油〉】(中略) 表記 「正油」は,借字.(『新明解』)
　両者には,記述内容に規範性をもたせるかいなかにおいて違いがある.つまり
『明鏡』には,「正油」は標準的でないという判断が強くうかがえるが,『新明解』
は,借字つまり当て字だから標準的ではないと解すべきか,そのような表記も当
て字として可能だということなのか,一般の利用者にとっては判断しにくい.も
っとも,規範を示すのではなく,「正油」という表記の性質を示すことに重点を
置いたものとすれば,妥当な内容と解釈しうる.

5.1.2　標準表記の確認に先立つ問題点

　国語辞典の【　】で標準表記を確認するよりも前に,利用者によっては,次の
ような問題をかかえている場合がある.

　　(1) 漢字の読みがわからない
　　(2) 漢字を誤読する
　　(3) 漢字の誤字
　　(4) 語形(語の発音的な側面)にゆれがある語について,見出しを見つけに
　　　くい

　(1) は,『岩波国語辞典』(『岩国』)の「漢字の読み方の手引」が参考になる.
たとえば「入部」の箇所を見ると,「入魂 じっこん」「入来 じゅらい」などと書
かれていて,これらの熟語の場合,「入」は「にゅう」でなく「じっ」「じゅ」と
読むことを確認することができる.
　(2) は,たとえば「礼賛(らいさん)」を「れいさん」と読む場合を例にすると,
『三省堂国語辞典　第7版』(『三国』)には「れいさん」の見出しがあり,「「らい
さん」のあやまり」と記されている.誤りとまではいわないまでも,『大辞林
第3版』のように「れいさん」の空見出し(語の説明がない見出し)から「→ら
いさん(礼賛)」へと誘導する方法がとられることもある.いずれにしても,本
来の読みにたどりつける点で便利であるが,増井 (2013, p.93) の「特に電子辞
書の場合,仮見出しからいきなり本項目にジャンプしてしまうと,利用者は自分
が(間違えて覚えていて)入力した項目そのものを読んでいる」と思いこむこと
が少なくないとの指摘には注意がいる(引用の「仮見出し」はここでいう「空見

出し」に相当).

　(3) に関しては，「参考」や「注意」といった欄を語釈のあとに設け，たとえば「専門」「率直」に対し，「「専問」と書くのはあやまり」(『新選国語辞典　第9版』(『新選』))，「「卒直」は誤り」(『学研現代新国語辞典　第5版』(『学研』)) のように注意を促している辞書がある.

　(4) は，「依存（いそん・いぞん）」「発足（はっそく・ほっそく）」など，漢字表記は同じで語形が複数ある場合である.「依存」は「いそん」のみを見出しとし，語釈のあとに「いぞん」が示されることが多いのに対して，「発足」の「はっ」と「ほっ」とでは，ページが離れていることもあって，「はっそく」を空見出しとし，「→ほっそく」のように，標準的な語形へと導くようになっているのが一般的である.

5.1.3　同音の漢字による書きかえ

　「同音の漢字による書きかえ」は，1956 年に国語審議会から文部大臣に報告されたもので，「当用漢字表」(1946) にない漢字を含む漢語と，それに対する書きかえ例を示す.　たとえば，「開鑿」は「鑿」が表外字であるため，「開削」と書かれるが，このような表記は「代用表記」と呼ばれる.　田島 (2016, p.9) によれば，国語辞典では「同音の漢字による書きかえ」に従い「見出し漢字表記を代用表記・本来の表記の順に登載していることが多い.　ただし語によっては本来の表記・代用表記の順の場合もある」という.　武部 (1981, p.9) が「「燻製→薫製」「三絃→三弦」など，書きかえた形がその語を使う分野に受け入れられなかったものもある」と指摘するように，現実問題として代用表記がなかなか定着しにくいケースもあったようである.

　2010 年の「常用漢字表」に「臆」「潰」などが追加されたため，「同音の漢字による書きかえ」例としてあがっていた語のうち，次のものは，本来的な表記が可能となった（本来の表記・代用表記の順に記す）.

　　臆説・憶説，臆測・憶測，潰滅・壊滅，潰乱・壊乱，肝腎・肝心，決潰・
　　決壊，研磨・研摩，広汎・広範，全潰・全壊，倒潰・倒壊，破毀・破棄，
　　哺育・保育，崩潰・崩壊，磨滅・摩滅，妄動・盲動，理窟・理屈

　ここには「【研磨・研摩】」「【研磨】」のように，国語辞典で本来の表記が優先されるか，または代用表記が記載されない語がある一方，「【理屈・理窟】」のよ

うに代用表記が定着していると見なされ，優先して記載されやすい語もある．「磨→摩」は，「当用漢字表」の時代から書きかえに対する批判があり（西谷，1982，p.32），「研摩」の表記は，広く受け入れられはしなかったようである．さらに「肝腎・肝心」の場合には，①「肝腎」を優先→『岩国』，『現代国語例解辞典　第5版』（『現国例』），『新明解』，②「肝心」を優先→『旺文社国語辞典　第11版』（『旺文社』），『学研』，『三国』，『集英社国語辞典　第3版』（『集英社』），『新選』，のように扱いにゆれがある．新聞・放送などの表記辞典では「（肝腎）→㊙肝心」のように統一されているため，どちらがより標準表記にふさわしいかはさておき，表記に迷わないという意味での実用性は高い．

　「同音の漢字による書きかえ」に加えてもう一つ，国語審議会報告にならい，日本新聞協会の新聞用語懇談会が定めた，いわゆる「新聞代用字」と呼ばれるものがあり，たとえば「抽籤→抽選」「溜飲→留飲」のように書きかえる．国語辞典の処理としては，「ちゅうせん」のように，すでに代用表記が定着したものは「抽選・抽[×]籤」ないし「抽[×]籤・抽選」と記される．利用者が表内字を使うという表記方針をもつなら「抽選」を選べばよい．これに対し「りゅういん」は，「留飲」が定着していると見て「留飲・[×]溜飲」のように掲げるものがある一方で，「[×]溜飲」とのみ記すものもある．後者の場合，先に見た「轢死」と同様，どう表記すべきか書き手に迷いが生じる恐れがある．『現国例』『明鏡』では，たとえば「新聞では「留飲」と書き換える」（『現国例』）のように明記しているので（つまり新聞代用字であることを示す），「溜飲」と「留飲」の関係を理解するのに役立ち，一般の利用者が表記する際の参考にもなりうる．

　また，新聞代用字のなかにも「常用漢字表」の改定で本来の表記が可能になったものがある．それに対して，国語辞典では「臆病・憶病」（本来の表記を優先），「臆病」（本来の表記のみを表示）というように処理するほか，『明鏡』のように，「表記」欄で「憶病」は代用表記との注記をそえるものもある．以下に一覧を記す．本来の書き方・代用表記の順である．

　　萎縮・委縮，臆病・憶病，毀損・棄損，禁錮・禁固，勾引・拘引，紫斑・
　　紫班，食餌療法・食事療法，斑点・班点
（代用表記の一覧は三省堂の『新しい国語表記ハンドブック』を参照した）

5.1.4　同音異義語

「待避」と「退避」などの同音異義語は，それぞれ別語であるため，適切に書き分けないと書き誤りないし変換ミスとして扱われる．それゆえ，注意を要する語について，国語辞典に使い分け，書き分けについての注記があると便利である．この点に関して，『三国』『三省堂現代新国語辞典　第4版』（『三現新』）では相互参照すべき見出し語の上に矢印を記して，利用者に注意喚起している．このほかに，見出しとは別に「囲み」欄を設け，そのなかに使い分けを記す方法がある．この方法をとる『旺文社』において，「待避」「退避」は以下のように区別される．

　　「待避」は，もと，列車の通過をやり過ごすために待ちあわせる意で，転じて何かが通り過ぎるのを避けて待つ意を表す．「待避駅」などと，おもに交通用語として使われる．

　　「退避」は，危険を避けるために別の場所へ移る意で，「病人を退避させる」のように使われる．

　このような使い分けの目安は，新聞・放送の表記辞典には必ず記される重要な項目だが，表記辞典として使われることを想定するのであれば，国語辞典でも手厚く説明することが必要である．

5.2　仮名遣い

　仮名遣いに関しては「現代仮名遣い」が表記の基準となる．発音と表記が一致している場合が多いが，以下のような不一致の部分がある．

　　(1) 助詞の「は」「へ」「を」

　　(2) 動詞「言う」の発音

　　(3)「じ・ぢ」「ず・づ」

　　(4) オ列の仮名遣い

　また，やや特殊な問題として，方言の表記にかかわる次の点も確認する．

　　(5) 平仮名に長音符号を使うこと

　助詞の「は」「へ」は，国語辞典ではハ行に立項され，その周りは「ハ（バ）」「へ（べ）」と発音する語に囲まれる．たとえば『三現新』は，助詞「は」の前後には感動詞の「は」と「ば【馬】」，助詞「へ」の前後には，おならの「へ」と「海辺」などの「べ【辺】」を立項する．そして，助詞「は」「へ」がそれらと異なる発音であることを示すために「発音は，「わ」」「発音は「え」」という注記を施す．「を」

については，「を」と書いて「ウォ」と発音する語に助詞「を」（発音は「オ」）
が囲まれるというわけでもないので，発音の注記はないのが一般的である．ただ
し『新明解』では，片仮名で「はワ」「へエ」のように発音を示す方法を「を」に
も適用し，「をオ」「をオことてん」「をば」「をや」としているため，利用者が「を」
と書く語は，「オ」と発音すべきか，それとも「ウォ」と発音すべきかと迷った
際に，その答えを提供することができる．

　動詞「言う」は，終止形と連体形の発音は「ユー」である．『学研』『三国』『明
鏡』などでは，見出しの直後にこのことが明記されている．

　(3) の「じ・ぢ」「ず・づ」（いわゆる四つ仮名）の書き分けについては，『明鏡』
がくわしく，「いちじく」「いちじるしい」などの「注意」欄には，「いちぢく」「い
ちぢるしい」が誤りと明記される．また，パソコンの変換ソフト版や携帯電話の
アプリ版の『明鏡』では，たとえば「つずく」と入力すると「×つずく　○つづ
く（続く）」と表示されるので，仮名遣いの誤りに気がつける．「二語の連合によ
って生じた「ぢ」「づ」」についても，「×はなじ　○はなぢ」と画面に出るため，
標準的な書き方に容易にたどりつける．

　(4) のオ列の仮名遣いについても『明鏡』に懇切な処理が見られる．たとえば，
スマートフォンなどで用いる辞書アプリで「おうきい」「とうる」と入力すると，
「×おうきい　○おおきい」「×とうる　○とおる」のように表示される．『明鏡』
では，「現代仮名遣い」くらい習得できていて当たり前，という発想を捨てるこ
とによって，上記のような表示方法が実現したといえる．

　(5) は，おもに沖縄方言の表記において生じる問題で，「シークワーサー」な
ど一般に片仮名で表記される語の見出しをどう書くかに関して，辞書ごとに差が
見られる．一般に，国語辞典では，和語・漢語に平仮名，外来語に片仮名を使う
という決まりがあるため，「しいくわあさあ」と表記するのが原則的である．こ
れに対し，『広辞苑』『新明解』では「シーカーシャー」「シークヮーサー」「シー
クワーサー」と片仮名で見出しを立てているが，これでは外来語と誤解される恐
れがある（飯間，2014，p.181）．飯間によれば，「しいくわあさあ」も「ちょっ
と異様な表記」と考え，『三国』では第7版から「しーくゎーさー［シークワーサ
ー］」と表記することにしたという．

　以上について，若干の補足を加えると，まず見出しを「シークワーサー」など
と表記する点には，「凡例」で断りを記すか，語釈の前に「和語」という語種情

報を記せば改善できる．凡例は，あまり一般の利用者に読まれないという現実を考慮するなら，後者の方法をとるほうが目的にかなうかもしれない．ふだん見慣れている表記を頼りに辞書を引く利用者にとっては，片仮名見出しが最も便利である．

　和語・漢語であることを見出しによって示す「しいくわあさあ」と「しーくわーさー」方式には，双方の立場から違和感がもたれる．「しいくわあさあ」に対する違和感は上記の飯間（2014）にあるとおりだが，「しーくわーさー」に対する違和感を生み出す要因としては，①平仮名書きに長音符号を使うことが「現代仮名遣い」に記されていない，②「ー」は「片仮名表記の際の長音符号として用いて，平仮名表記には用いないのが基本」（佐竹，2005，p.196）である，③方言そのものではなく，標準語に入った方言由来の語として辞書にのせるのであれば，見出しは標準語のルールに従って書けばよい，といったものがあり，以上いずれかを感じ取る母語話者にとって「しーくわーさー」は異様な表記である．もっとも，「ええと・エート（感動詞）」や「にゃあにゃあ・ニャーニャー（擬音語）」などに関しては，「えーと」「にゃーにゃー」と書くほうがしっくりくるという話者が少なくないことも考慮すると，現在は対象外とする「擬声・擬態的描写や嘆声」などについて，「ー」で表記する選択肢を盛り込むよう「現代仮名遣い」の一部を改正する，というのも検討に値する．そうすれば「えーと」や「にゃーにゃー」と書いてよいのかどうか迷う人を救うことができる．

　「しいくわあさあ」方式をとる辞書においては，オ列の長音についてなんらかの断りがいる．つまり「しいくわあさあ」や「ちゃんぷるう」など，ア列，イ列，ウ列の場合は，どの母音を添えるべきか，比較的，容易に判断できるが，オ列の場合，たとえば「ゴーヤー」（ふだん目にする表記）は辞書を引く際に「ごうやあ」なのか「ごおやあ」なのか迷いが生じるからである．したがって，一般的な和語・漢語については，オ列長音を「う」と「お」で書く場合とがあるものの，「現代仮名遣い」が適用しにくい方言由来の語などには，「オ列の長音」であるという発音の事実から推して，見出しには「ごおやあ」と「お」で表記するといったふうに凡例に明記すべきである．それがないのであれば，利用者が「ごうやあ」と引いたとしても，それを責めることはできない（『三国』は見出し表記の方針を「この辞書の決まり」に明記している）．なお，「しいくわあさあ」だと，「い」や「あ」を長音でなく，一音一音はっきり母音を発音すべきなのかと迷う利用者も

いるようであるから，たとえば「発音・表記は「シークワーサー」」といった注記をつければ，利用者は発音に迷わない．

5.3 送り仮名

　送り仮名に関しては「送り仮名の付け方」（1973）が表記の基準となる．大学生などでも使い分けに迷い，国語辞典に説明があると助かるとの声が多い項目としては，次のようなものがある．

　　(1) 通則1の許容について（例，「表す」を「表わす」としてよい）

　　(2) 通則4の例外について（例，「話」と「話し」の使い分け）

　　(3) 通則6の許容について（例，「乗り換え」を「乗換え・乗換」としてよい）

　　(4) 通則7について（例，「踏切」と「踏み切り」の使い分け）

　(1) は，「送りがなのつけ方」（1959）の本則にそった表記「表わす」「著わす」「現われる」「行なう」「断わる」「賜わる」と「送り仮名の付け方」の本則にそった表記「表す」「著す」「現れる」「行う」「断る」「賜る」との間における表記のゆれが問題となる．前者は現在，許容の表記として残っている．これに対して，学習辞典としての性格をもつ『三国』のように，本則・例外のみを辞典に記すというのは，一つのやり方である（通則1のみでなく，すべての許容の表記を『三国』は示さない）．許容は，表記のゆれのもとになる恐れがあるため，まずは原則的な送り仮名をしっかり身につけるべきであるとの考えがあるのだろう．

　一般向けの辞書では，許容の表記ものせてあるのが普通であるが，(1) に対する処理としては，『現国例』の「行う」に次の注記があるのが注目に値する．

　　　昭和三四年（一九五九）の旧「送りがなのつけ方」では「行なう」であったが，昭和四八年の新「送り仮名の付け方」で「行う」を本則とすることになった．

　「行う」のみに付される注記だが，このような経緯が記されると，どちらを使うべきか，「行なう」は間違いなのか，といった利用者の疑問が解消される．

　(2) は，名詞と動詞連用形との使い分けがわかりやすいかどうかがポイントで，たとえば「話」と「話し」について『現国例』は，「「お話しします」の場合は動詞の連用形とみて「し」を送るほうがよい」と解説する．同様の注記は「係・係り」「組・組み」「並・並み」「割・割り」にもある．ほかの辞書だと，『明鏡』にくわしい解説が見られる．

（3）の通則6は，「乗り換え」や「長引く」など「複合の語」の送り仮名を扱うものだが，たとえば「乗り換え」は読み間違える恐れがない場合に「乗換え」「乗換」と書いてよいとの許容が設けられる．教科書や新聞・放送は，原則として許容表記をとらないものの，公用文や法令文で許容表記が採用されている場合がある．公用文・法令文などの表記は，一般に与える影響も大きいため，教科書や新聞・放送などと扱いにずれがある語について，辞書に説明があると利用者にとってはありがたい．『現国例』は公用文・法令文ともに，『明鏡』は公用文について，注記を施す方針をとる．「乗り換え」を例にすると，前者は「⑳⓮乗換え　⓮乗換駅」，後者は「公用文では「乗換え」」と記す．

（4）の通則7は，「頭取」「切手」など一般に送り仮名をつけない語を収めたものである．そのうち，「踏切」「手当」などについては，動作としての「踏み切り」「手当て」との使い分けが問題となる．これに対する処理としては，「ふみきり」の見出しのもとに，「踏み切り」と「踏切」との両方を標準表記として記し，語釈によって使い分けがわかるようにする方法と，「踏み切り」と「踏切」とを別の見出しにする方法とがある．前者が一般的で，後者は『三国』『三現新』で採用されている．もっとも，『岩国』では「踏切」のみ，『新明解』では「踏切（り）」という立項のしかたをとるなど，使い分けそのものについて，辞書ごとの判断が異なる場合がある．このような語については，「話」や「話し」の場合なども含め，本来であれば「送り仮名の付け方」そのものになんらかの説明があることが望ましい．

5.4　異字同訓

異字同訓とは，「越える」と「超える」のように，異なる漢字に同じ訓があることで，同訓異字ともいう．1973年に国語審議会漢字部会の「参考資料」として発表された「「異字同訓」の漢字の用法」が広く用いられてきたが，現在は，2014年に文化庁の発表した「「異字同訓」の漢字の使い分け例」が表記の基準となっている．今後に改訂される国語辞典には，2014年の使い分け例を反映した内容が盛り込まれるはずである．

ここでは，国語辞典ごとの傾向を見るために，2014年以前に刊行された版を対象とし，以下の点を確認する（2017年12月の執筆時点におけるもの）．

（1）1973年の「「異字同訓」の漢字の用法」への対処のしかた

(2) 仮名書き，または，一般的な漢字についての言及の有無

(1) については，①それぞれ別立項し，語釈によって違いがわかるようにする，②「表記」欄を設けて使い分けを解説する，③「囲み」欄のなかに使い分けを解説する，といった方法がある．見やすさの点では，『旺文社』や『学研』のとる③が優れる．

(2) は，新聞・放送などで実行されている方策である．たとえば，『共同』の第12版 (2010) では，「おさまる・おさめる」の「収・納・治・修」について，「書き分けが紛らわしいときは平仮名書き」とし，「たたかう」の「戦・闘」には「使い分けに迷う場合は，一般用語の「戦」または平仮名書き」と記している．このような注記がないと，つねに意味ごとに漢字を使い分けなければいけないことになるため，書き手の負担が大きい．仮名書きについては，「「異字同訓」の漢字の用法」にも「その意味を表すのに，適切な漢字のない場合，又は漢字で書くことが適切でない場合がある．このときは，当然仮名で書くことになる」という説明があったが，一般には，あまりこれが知られておらず，つねに漢字で書き分けなければいけないと意識されているふしがある．なお，2014年の「「異字同訓」の漢字の使い分け例」においても「必要に応じて，仮名で表記することを妨げるものでもない」とあり，とくに教育現場で異字同訓を指導する際には，この部分に目を通しておくことが必要である．

(2) について，現行の国語辞典では十分な対策がとられていない．ただし，一般的な漢字という点については，『新明解』が，「たたかう」や「うむ」に対し，「戦う」「生む」のみを見出しとし，「表記」欄に「闘う」「産む」とも書く，とする処理方法が有用である．このようにすることで，通常は「戦う」「生む」と書けば間に合うことがわかるからである．

以上に見たように，現行の国語辞典を表記辞典として使うかぎり，異字同訓はつねに漢字で書き分けるしかなく，仮名書きは選択しにくい．今後，なんらかの工夫を施した辞書の出現が待たれる．

5.5　仮 名 書 き

日本語には漢字でなく，仮名で記すのがふさわしかったり一般的であったりする語も存在し，使い分けは複雑である．それゆえ，たとえば『共同』では「用字について」という項目を設け，「漢字使用」「平仮名使用」「片仮名使用」について

の原則と具体例を示すが, 国語辞典でこのような点をくわしく解説するものはない. たとえば異字同訓について「使い分けに迷う場合, 仮名書きすることもできる」などの説明があれば利用者は助かるだろう. この点, 『角川必携国語辞典』の「この辞典を効果的に使うために」に「一般的には, 「×」や「△」が付いている語でも固有名詞を除き, 意味さえまちがいなく伝われば, 漢字とかなの交ぜ書き, あるいは, かな書きでよいのです」とあるのが注目に値する.

　一般に国語辞典では個々の単語の書き方について, 仮名書きが一般的な場合は標準表記として, あるいは「表記」欄の注記として記す方法がとられる. もっとも, 仮名書きは, 全辞書に採用されているわけではなく, たとえば『集英社』は凡例で, 【　】内には「漢字仮名交じり文において漢字を主として書く場合の標準的な表記形である. 仮名書きが一般的である語についても, 便宜上同様に扱った」と記すように, 方針として漢字表記を主としているので,「事 (形式名詞)」も「折角 (副詞)」も【　】内には漢字表記しかのせていない.

　仮名書きを標準表記にとりいれる辞書の場合, 編集段階で考慮されてしかるべきおもなポイントとしては, 次のものが考えられる.

　(1) 表外字・表外音訓を含む語の表記

　(2) 表内字・表内音訓の範囲で書く語のうち, 仮名書きが一般的なもの

　(3) 意味・用法によって, 漢字表記と仮名書きとの使い分けがあるもの

　(4) 仮名書きにより, 語形が明確になるもの

　(5) 片仮名表記が一般的な語について

　(1) は, 先に見た「轢死」のように, 「常用漢字表」の範囲で書けない語に対する処理が問題となる. 新聞や放送は, ①仮名書き (全体を平仮名書き), ②交ぜ書き, ③言いかえ, といった方法で対処する. さらに「常用漢字表」では, ルビの使用を容認するため (「当用漢字表」は否定), ルビ付きで使用を認める語もある. たとえば『共同』は, ①簞笥→たんす, ②贅肉→ぜい肉, 反芻→㊫反すう, ③奢侈→ぜいたく, というように対処する. また「快哉(かいさい)」「檀家(だんか)」などは, ちょうどよい別の言い方がないためか, ルビ付きで書くことになっている.

　以上 (1) の諸点について, 国語辞典でどう扱われているのだろうか. まず, 仮名書きと交ぜ書きについては,「轢死」について見たように, 迷わずに選べる表記がなんら示されていない場合が多い. この問題については, 『三国』が相対的に手厚く,「[(×簞×笥)]」「[(×贅) 肉]」のように表示し, (　) 内は仮名書き

してもよいことになっている．利用者がこの決まりに気づくかどうかという心配もあり，はっきり「ぜい肉」と示してもらいたいという意見もあるだろう．しかし，ほかの辞書と比べて，表記に迷ったときの解決策が多く示されていることは事実であり，新聞・放送の分野で使う表記辞典に近いものがある．

　仮名書きや交ぜ書きが国語辞典の推奨表記として示しにくくとも，「新聞では「ぜい肉」と書く」または「「ぜい肉」と書かれることもある」といった程度の注記でもあれば，「贅肉」以外の書き方をしたい利用者にとって有益である．

　「言いかえ」について，国語辞典では甲を乙に言いかえるというような表示はせず，語釈のあとに類語を掲げるにとどめるのが普通である．たとえば「奢侈」の場合，『新選』では「ぜいたく」を類語として語釈の後ろに示す．このほかにも，『共同』で「いし（△縊死）→首つり」「かつもく（△刮目）→注目」「ちゅうさつ（駐△箚，駐△劄）→駐在（大使）」とするのと並行的に，『新選』の「縊死」「刮目」「駐箚」には「首つり」「注目」「駐在」が類語として掲げられている．これらの例をもとにすると，『新選』の類語の掲げ方には，表外字・表外音訓を含む難語に対し，かわりに使える語を語釈の後ろにそえるという意図が感じられる．しかし，そのことは凡例などで説明されているわけではない．わかりやすい言葉を探すために辞書をひく利用者にとって，言いかえに使える類語が示されていることはありがたいはずだから，そのような利用者のためにも，類語の掲げ方について辞書の方針を明記したほうがよい．

　「ルビ」について現行の辞書は何も述べていない．しかし，仮名書きを選択肢として示さないのであれば，『広辞苑』のように，最初から表外字・表外音訓の区別を示さないというほうが筋は通る．したがって，仮名書きも『広辞苑』のやり方もとらないのであれば，「凡例」で表外字・表外音訓を含む語の表記方法として，ルビをすすめる旨を記さなければ，表記辞典としては不十分である．

　(2) の例として『共同』の「行火→あんか」が挙げられるが，『三国』では「[（行火）]」と記され，仮名書きがとりうる選択肢となっている．ただし，（ ）内は「仮名書きにして（も）よい」というものであるため，「あんか」と「行火」のどちらを優先すべきなのかは利用者が判断しなくてはならない．その点，『三現新』の「【あんか・行火】」という示し方であれば，「あんか」が第一に選べるので，新聞・放送の表記と合わせやすい利点がある（選択肢だけ示してもらい，最終的な判断は自分でしたいという利用者にとっては『三国』のほうが合う）．辞書の

作り手のなかには，見出しと標準表記とに平仮名が続くことをきらう向きもある
ようだが，見出しは発音（および語種），【　】内は標準表記という形で徹底させ
たほうが，一般の利用者にとっては，何の情報なのかがはっきりして便利という
見方もできる.

　（3）は，「事（～が起こる．実質名詞）」「こと（食べた～がある．形式名詞）」
または「行く（京都へ～．本動詞）」「いく（記憶が薄れて～．補助動詞）」とい
った使い分けが辞書に記されるかどうかという問題である.「是非（～を問う.
名詞）」と「ぜひ（～おいでください．副詞）」などの場合も同様である.助詞・
助動詞や感動詞などは，それ用の漢字を目にする機会があまりないこともあって，
多くの日本語話者は，仮名書きが自然に身につく.一方，「事」「行く」「是非」な
どの場合，習った漢字で書けるという意識が強いため，形式名詞や補助動詞など
漢字本来の意味が薄れた形式的な使い方においても，漢字→仮名という発想が出
てきにくい.したがって国語辞典では，これらについてくわしい説明があること
が望ましい.細部には違いもあるが，『学研』『現国例』『三国』『三現新』『新選』『明
鏡』が以上の条件に合う説明をそれぞれに施している.

　（4）は，「私（わたくし・わたし）」「出所（しゅっしょ・でどころ）」「生物（せ
いぶつ・なまもの）」など，漢字表記が同じで読み分けがしにくいペアに対する
処理の問題である.国語辞典では表1のような工夫が施されている.

　「しゅっしょ」を「出所」，「でどころ」を「出どころ」とするのは，これらを
書き分けて，読み手が迷わないようにするための工夫である.また，「「せいぶつ」
と読めば別語」は，同じ漢字表記の語がほかにあるから，この語は慎重に使うよ
うにとの注意喚起として理解される.ほかにも，名詞では「この後」が「あと」
と「のち」とで判別しにくかったり，「法の下（もと）の平等」が「した」と誤
読されたりするといった問題があり，動詞では「描く」が「えがく」と「かく」
とで判別しにくかったり，「鬼籍に入（い）る」が「はいる」と誤読されたりす
るといった問題がある.今後，こういった問題を体系的にとりあげ，解決策を提
示する辞書が現れてくることが期待される.

　以上に加えて，標準的でない読みが生じるのを防ぐ手立てというのも，今後の
検討に値する.たとえば，山下（2010, p.83）によれば，NHK 職員（1387 人）
に対し「爪先」の表記についての希望を聞いたところ，「つま先」（50%），「爪先」
（28%），「どちらも使いたい」（22%）という結果となり，「「爪先」と漢字で書か

表1 「私」「出所」「生物」の表記

	わたくし	わたし	しゅっしょ	でどころ	せいぶつ	なまもの
三現新	【わたくし・私】	【わたし・私】	【出所】	【出どころ・出所】	【生物】	【生もの・生物】
三国	〔(私)〕	〔私〕	〔出所〕	〔出(所)・出(▽処)〕	〔生物〕	〔生(物)〕
新選	【私】	【わたし・私】	【出所】	【出どころ】〔出所・出▲処〕	【生物】	「せいぶつ」と読めば別語
明鏡	仮名書きについて注記あり	仮名書きについて注記あり	【出所】	【出所・出▽処】	【生物】	【生物】

れると,「つめさき」と読む可能性もある」という. 筆者の調べでは, 大学生の
なかにも,「つめさき」と読む者が一定数いる. 誤読が広まることを防ぐためにも,
このような調査の結果がなんらかのかたちで国語辞典に反映されることが望まし
い. そうした工夫がとられないでいるうちに, いつのまにか「つめさき」が普及
してしまうとする. そうなったら, もはや「つめさき」は単なる誤読としては扱
いにくく,「つまさき・つめさき」の併記ないし「つめさき」優先ということに
なりかねない(「爪」は「つめ」と読むから「つめさき」でいいだろうとの主張
が出てくることは容易に予想される). それゆえ, こういった語に対しては, 早
め早めの対処が肝要である.

　(5)は, おもに擬声語・擬態語, 動植物名, 俗語, 専門語などの表記に用いら
れる片仮名について, なんらかの解説があるかどうかという問題である. 擬声語・
擬態語や動植物名は「どかん→ドカン」「猿→サル」など片仮名表記することが
多いが, 標準表記欄が複雑になるという問題もあり, 片仮名表記について辞書の
本文でふれられることはまれである. 擬声語・擬態語はともかく, 動植物名の場
合は「犬」や「桜」など漢字で書かれるものも含まれるので, せめて片仮名表記
についての原則を記してほしいところである.

　専門語に話を移す. たとえば, 能・狂言で主人公の役のことを「仕手」といい,
辞書には「普通,「シテ」と片仮名で書く」(『岩国』)のように注記されるが, こ
のような語は, ほかにも数多く存在する. 落語で「上方落語の途中に入れる下座
の唄や合方」(『大辞林』)の意味をもつ「嵌め物(はめもの)」は, 関係者は普通「ハ
メモノ」と書くそうだが, それについての記述は辞書に見られない.「片仮名で

書くことが多い」「片仮名表記も」といった形で注記してもらえれば，利用者が
その語を表記する際に便利である．また，理科で学ぶ用語に片仮名表記が一般的
なものがある．田島（2016, p.19）によれば，理科の教科書に「タンパク，デン
プン，ヨウ素，セキツイ，ホニュウ類」のような片仮名表記が行われているとい
う．この点に関して『三国』には，たとえば「沃素」は「「ヨウ素」とも書く」
とあり，表記の参考になる．

　擬声語・擬態語や俗語については，母語話者であれば直感的に片仮名表記を場
面に合わせて選ぶことができることが多い．しかし専門語の場合は，当該分野に
くわしくなければ，その語に片仮名表記がふさわしいかどうかが判断しにくい．
それゆえ，専門語で片仮名が普通のものについて国語辞典に注記が施されていれ
ば，利用者は「片仮名は擬声語・擬態語や俗語に使うものであり，公的な文章に
ふさわしくないのでは」といった心配をせずとも，安心して片仮名表記が選べる
ようになる．

5.6　外来語の表記

　外来語に関しては「外来語の表記」（1991）が表記の基準となる．第1表と第
2表の二つあり，その区別は「留意事項」として以下のように記される．

　　4　国語化の程度の高い語は，おおむね第1表に示す仮名で書き表すことが
　　できる．一方，国語化の程度がそれほど高くない語，ある程度外国語に近く
　　書き表す必要のある語——特に地名・人名の場合——は，第2表に示す仮名
　　を用いて書き表すことができる．

　　5　第2表に示す仮名を用いる必要がない場合は，第1表に示す仮名の範囲
　　で書き表すことができる．例　イェ→イエ　ウォ→ウオ　トゥ→ツ，トヴァ
　　→バ

　新聞・放送などでは，「第1表に掲げられた仮名・符号と，第2表のうち広く
通用している仮名を用いる」（『朝日新聞の用語の手引　新版』（『朝日』））という
ような形で対処している．これに対し，一般の日本語話者においては，第1表の
片仮名表記を原則とする考え方がほとんど意識されていない．それゆえ，たとえ
ば「バイオリン」が「ヴァイオリン」と書かれることもまれではない．国語辞典
としては，第1表を原則とし，第2表における片仮名表記も慣用的なものとして
適宜に掲げておくというのが現実的な方法である．たとえば『三国』では，「バ

イオリン」の見出しで意味を説明し，語釈の後ろに「ヴァイオリン」の形を示す．『新選』では「バ（＝ヴァ）イオリン」のごとく「ヴァ」の存在を示す．こういった表記のゆれを積極的にとりあげ，より標準的と認められるほうに導くというのが，表記辞典としての国語辞典に求められる役割である．

　以上のほかに，あると便利な情報としては，以下のものが挙げられる．

　　(1) 標準からずれる語形への注記

　　(2) 書き誤りへの注記

　　(3) 発音と表記とが一致しない語への注記

　まず (1) について記す．たとえば，「アボカド」や「コミュニケーション」といった語は，しばしば「アボガド」「コミニュケーション」と発音，表記されることがある．とくに後者には多くの日本語母語話者にとって「ミュ」が発音しにくいという要因もあり，一概にこれらを日本語として誤りと片づけるわけにもいかないが，原音に気がつけるような注記があることは利用者にとって有益である．その第一の手がかりは，原語のつづりであり，avocado, communication を見れば，「アボガド」「コミニュケーション」ではないとの判断が可能である．もっとも，外国語に苦手意識がある利用者のことも考えれば，よりわかりやすい提示のしかたが求められるが，「コミニュケーション」は「「コミュニケーション」のあやまり」とする『三国』や「なまって「アボガド」とも」とする『明鏡』などのやり方は，この問題への解決策として有効である．

　(2) は，発音は一定していて，表記に問題がある場合である．「バイオリン」と「ヴァイオリン」について，後者は原音に近く記したものであるが，一般的には表記の違いが発音の違いにつながらない．もっとも，「バ」と書けば b，「ヴァ」と書けば v というように，原語のつづりを覚えるのに役立つという面はある．ただし，原語どおりのつづりでないものを書いてしまうことがあり，湯浅 (2002, p.164) によれば，インターネット上には，debut を「デヴュー」と書いたものが見られ，「デビュー」(47万4000件) に対し，「デヴュー」(5600件) だったという（ここではフランス語などでなく英語を意図した表記として解釈する）．固有名詞では，Beethoven が「ベートーベン」でも「ベートーヴェン」でもなく「ヴェートーヴェン」と書かれているのを見かけることがある．こういった，原語のつづりを誤った結果として生じる表記についても，誤りの注記を積極的に施す方針の辞書であれば，なんらかの記述があって不自然ではなく，むしろ実用的でさ

えありうる.

　(3) は,「バレー(球技)・バレエ (舞踊)」「ボーリング (掘削)・ボウリング (競技)」「ボール (球)・(サラダ) ボウル (器)」などの発音と表記との関係性をどう注記するかの問題である.「外来語の表記」では, これらは「長音」の表記に関するものとして扱われ, 長音は原則として「ー」(長音符号) を用い,「バレエ」「サラダボウル」「ボウリング」などは, 例外的に母音字を添えて書く例として示される. したがって, 湯浅 (2002, p.172) のいうように, これらは「表語機能から維持されている表記と考えられるが, 実際の発音に区別はない」ととらえる必要がある. ところが, 日本語話者のなかには, これらに発音の違いがあると見なす人もいるようである. 東京・山梨の大学生に対する筆者の調べ (2017 年 11 月に実施) では, それぞれの発音が同じか異なるかに関して, 次のような結果が出ている (アクセントは考慮しないように指示).

　　バレエ (舞踊)・バレー(球技):同じ (99 人), 異なる (77 人)
　　ボウリング (競技)・ボーリング (掘削):同じ (114 人), 異なる (62 人)
　　ボウル (サラダの)・ボール (球):同じ (66 人), 異なる (110 人)

　意識調査ということもあり, 自然な会話における発音とは異なる可能性があるが, これほど多くの学生が「異なる」と答えている点には注意がいる. あるいは,「外来語の表記」を改定し, すべて長音符号を用いて書くようにする, といった手立てなどが議論されるべきかもしれない.

　現行の国語辞典には, この問題を扱ったものがないので, ここでは検討事項として考える. 辞書へのとりあげ方としては,「言う」に対する「発音は「ユー」」とするのに同じく, たとえば「ボウル」に「発音は「ボール」」と記すというのが実行に移しやすい方法である. あくまで「ボウル」または「バレエ」とするのは表記の問題であって, 発音にまで及ぶものではないとするものであり, 一般的には, このような考え方がとられる.

　これに対し, 文字どおりの発音 (長音でなく母音連続) を認める立場も, 可能性としては考えられる. 先に見たように「ボウル」と「ボール」は発音が異なると意識する大学生がいるが, それは原音で /boʊl/ と /bɔːl/ のように発音が異なるからというよりは,「ウ」と書くから「ウ」,「ー」と書くから長音というように解釈している場合が多い. しかし片仮名に引かれた発音であったとしても, 結果的に原音における発音の区別に役立つといえないこともない. それゆえ長音以

外の発音を正式なものとして認めるというのは，辞書の判断としてありえないことではない．『朝日』は「ボウリング」と同様に母音字を重ねる例に「オウンゴール」「ノウハウ」を挙げるが，とくに前者では「ウ」をはっきりいう発音がよく聞かれる．それゆえ「オウンゴール」が辞書に標準的な発音として登録されても不自然ではなく，ほかの語に「ウ」の発音を認める契機となりうる．

　以上を考慮すると，「ボウル」「バレエ」（母音連続）といった発音を認めるための手順としては，母音字を重ねて表記する語について，自然会話の音声データを幅広く集め，母音連続が長音よりも一般的かどうかを確認する，といったことが必要になってくる．なお，「coat」（服）と「court」（法廷）における /koʊt/ と /kɔːrt/，または「hole」（穴）と「hall」（会館）における /hoʊl/ と /hɔːl/ のように，原音では発音に区別があっても，外来語としては，いずれも長音符号（これらでは「コート」「ホール」）で書かれるという場合がある．もし，母音連続を認める方針をとるのであれば，服は「コウト」で法廷は「コート」，穴は「ホウル」で会館は「ホール」と書き分ける，というふうな処理方法が現実的かどうかを，同様の発音を含む種々の語について検討しておく必要がある．現状として，母音字を重ねて書くものだけに対する処理ということであれば，場当たり的との批判をまぬがれないだろう．

　(3) に関するもう一つの問題として「語末の長音符号の省略」が挙げられる．「外来語の表記」では，「エレベーター」「コンピューター」について，「エレベータ」「コンピュータ」といった表記を「慣用に応じて「ー」を省くことができる」として認めていたが，これはあくまで表記上の決まりであって，発音にまで及ぶものではない．しかし，「コンピュータ」など，実際に語末を伸ばさない発音が聞かれる語もあり，発音・表記ともに「コンピュータ」という考え方も成り立ちそうである．ただし，注意がいるのは「ソファー→ソファ」「アイデンティティー→アイデンティティ」のように，発音上は，あくまで語末に長音があるにもかかわらず，長音符号が省略して書かれる場合である．石野 (1991, p.48) は，「レモンティー」が語末を伸ばして発音されるにもかかわらず「レモンティ」と書かれることが多い点について，「なぜか世間には，「ティ」や「ディ」の音価を〔ティー〕〔ディー〕と誤解している人が多いようである」という．表記の実態を重視し，長音符号を省いた形を採用する辞書がいくつか見られるが，利用者としては，それが語末を伸ばさずに発音・表記してよいという意味なのか，それとも発

音上は伸ばすが，表記としては長音符号を省略してよいという意味なのかが判断しにくい．それゆえ「外来語の表記」にのる語はともかくとして，そのほかの語について長音符号を省略した表記を見出しに掲げるかどうかについては，よほど慎重な判断が必要である．徹底して考えるならば，たとえば「【コンピューター・コンピュータ】(発音は「コンピューター」)」または「【コンピューター・コンピュータ】(発音も両様)」とでもいった注記が検討されてもよい．これが複雑だというのなら，長音符号をつけた形で見出しを立てることに統一するほうが良心的である．

[中川秀太]

参考文献

朝日新聞社用語幹事（2015）『朝日新聞の用語の手引　新版』朝日新聞出版

飯間浩明（2014）『三省堂国語辞典のひみつ』三省堂

石野博史（1991）「表音と表語」『日本語学』10-7

沖森卓也（1994）「国語辞典を引くのはどのような時か」『語彙・辞書研究会第 6 回研究発表会予稿集』三省堂

共同通信社（2010）『記者ハンドブック　第 12 版』共同通信社

共同通信社（2016）『記者ハンドブック　第 13 版』共同通信社

佐竹秀雄（2005）『ことばの表記の教科書』ベレ出版

三省堂編修所（2016）『新しい国語表記ハンドブック　第 7 版』三省堂

武部良明（1979）「国語辞書の表記」『国語科通信』40

武部良明（1981）『日本語表記法の課題』三省堂

田島　優（2016）「語彙と文字・表記」斎藤倫明編『日本語語彙論 2』ひつじ書房

西谷博信（1982）「同音の漢字による書きかえにみる表記のゆれ」『文研月報』32-2

野村雅昭（2011）「21 世紀の国語辞書」『語彙・辞書研究会第 40 回研究発表会予稿集』三省堂

増井　元（2013）『辞書の仕事』岩波書店

山下洋子（2010）「放送用語委員会（東京）NHK 職員へのアンケート「放送で使う漢字表記」についての意識」『放送研究と調査』60-5

湯浅茂雄（2002）「外来語の表記」飛田良文・佐藤武義編『現代日本語講座 6　文字・表記』明治書院

6 国語辞典における品詞と活用

6.1 品　　　詞

6.1.1 品詞の分類と示し方

「品詞」とは，文中での文法的機能によって語を分類した名称である．品詞の分け方や名称には異なる考え方もあるが，国語辞典においては，各辞典に共通する形式を例示しながらまとめると，おおむね表1のように分類されることが多く，見出し語の品詞情報として略語で示される．

　動詞は，可能動詞（注1），補助動詞（注2）の情報が 可能 補助 等の略語で示されることもある．また，品詞とともに活用の種類が示される（活用の種類については6.2節参照）．副詞は品詞表示とともに「きっぱり（と）」や「とたん（に）」等，「と」や「に」がつく場合はその別が示されることがある．ただし，品詞表示は国語辞典によって異なることがある．たとえば，「大きな」を「形容動詞」と表示するものと「連体詞」とするものがある．見出し語が複数の品詞にまたがる場合は，例のように複数の品詞が表示される．（1）は名詞と形容動詞語幹であることを示す．（2）は副詞とサ変動詞（さっぱりする）の語幹であることを示す．品詞によって意味用法が異なる場合は，（3）のように品詞を並べて表示するのではなく，意味によって分けて表示する．

　（例）（1）せい−かく【正確】名 形動　（2）さっぱり 副 自サ

　（3）まあ ❶ 副　①…　②　…　❷ 感　…

　品詞に準ずるものとして，接辞（接頭語・接尾語），造語成分，連語等が，以下の例のように，接頭 接尾 造 連語 等の略語で表示されることがある．

　（例）（4）お【御】接頭　（5）っぱ・い 接尾　（6）マン〈man〉造

　（7）てき【的❶ 造 ①…②…❷ 接尾 …（8）ある−べき【有るべき】連語

表1　国語辞典における品詞の分類と示し方

品詞名	略語	意味と文法的機能
名詞	名	活用しない自立語．事物の名称を表す普通名詞，具体的な意味が希薄で，実質的な意味を表す修飾語をともなって用いられる形式名詞（の，こと，もの）等，数量や順序を表す数詞（二つ，5人，7番目）等を含む．文の成分として，「だ」をともなって述語になったり，助詞をともなって主語や補足語になったりする． （例）さい・ふ【財布】名　て-ならい【手習い】名
代名詞	代	活用しない自立語で，名詞のかわりに用いられる語．人物を指し示す人称代名詞と事物・場所・方角を指し示す指示代名詞がある． 人称代名詞は，一人称（わたし，ぼく）等，二人称（あなた，きみ）等，三人称（かれ，かのじょ）等，不定称（だれ，どなた）等， 指示代名詞は，近称（これ，ここ）等，中称（それ，そこ）等，遠称（あれ，あそこ）等，不定称（どれ，どこ）等に分けられる． （例）あなた【貴方・貴女】代　そこ【其処】代
動詞	動自/他	活用する自立語で，動きや状態（ある，いる，できる）等を表し，単独で述語になる．他に働きかける他動性の有無によって，自動詞と他動詞に分けられる．「人が走る」における「走る」のように，「名詞＋を」の補足語（目的語）を必要としないものを自動詞，「水を飲む」における「飲む」のように目的語をとるものを他動詞という． （例）あ・がる【上がる】自五　あ・げる【上げる】他下一
形容詞	形	活用する自立語で，事物の性質や状態を表し，述語や名詞の修飾成分になる．人や物の属性を表す属性形容詞（強い，高い，美しい）等と，人の感情・感覚を表す感情形容詞（ほしい，恥ずかしい，痛い）等に区別されることがある． （例）あお-じろ・い【青白い】形　くるし・い【苦しい】形
形容動詞	形動	活用する自立語で，意味，文法的機能は形容詞と同様である．このため，名詞を修飾する時に活用語尾が「な」になるので，「ナ形容詞」と呼ばれ，形容詞の一類とされることもある． （例）おだ-やか【穏やか】形動　ゆう-めい【有名】形動
接続詞	接続	活用しない自立語で，文頭に付いて，前文とのつながりを表す．しかし，そこで，そして，また，さらに，つまり等である． （例）しかし-ながら【然し乍ら】接続
連体詞	連体	活用しない自立語で，名詞の修飾語となる．ある，いわゆる，この，きたる，さる，たいした，単なる，当の等である． （例）あらゆる連体　さら-なる【更なる】連体
副詞	副	活用しない自立語で，主に動詞，形容詞，形容動詞の修飾語となる．「かなり上，ちょっと下」のように名詞を修飾する場合もある．大きくは，情態副詞（ゆっくり，ぐっすり，じっと，堂々と）等，程度副詞（とても，わりと，もっと，少々）等，陳述副詞（もし，きっと，決して，あたかも）等に分けられる． （例）いわ-ば【言わば】副　あまねく【遍く・普く】副

表1 (つづき)

感動詞	感	活用しない自立語で, 単独で文になれるが, 主語にも修飾語にもならない. 話し手の感情 (ああ, まあ, おや) 等や呼びかけ (もしもし, あの) 等, 応答 (はい, いいえ, さあ) 等, 挨拶 (おはよう, さようなら) 等を表す. (例) あれえ 感 あの-ね 感
助動詞	助動	活用する付属語で, 活用語に接続してさまざまな意味を添加し, 文法的働きをする. 意味によって, 使役 (す, さす), 受け身 (れる・られる), 打消 (ない・ぬ), 過去 (た・だ), 希望 (たい・たがる), 断定 (だ・です), 推量 (よう・らしい), 意志 (う・よう), 伝聞 (そうだ・そうです), 比況 (ようだ・ようです) 等に分けられる. (例) まい 助動 らしい 助動
助詞	助 (格助) (接助) (副助) (終助) (間助)	活用しない付属語で, 名詞に接続して, 主語や補足語になるものや語と語を接続する働きをするものがある. 文を構成する機能によって, 格助詞 (が, を, に, から, で) 等, 接続助詞 (と, や, し, が, から, ので) 等, 副助詞 (は, も, など, だけ, ばかり) 等, 終助詞 (か, さ, よ, ね, かしら) 等, 間投助詞 (な, なあ, ね, ねえ, さ) 等に分けられる. (例) さえ 副助 なら 接助

6.1.2 連 語

　国語辞典において品詞に準ずる情報の一つに「連語」がある. 連語とは, 二つ以上の語が連結して構成される, 語でも文でもない, ひとまとまりの概念を表す言語単位のことをいう.「料理を作る」「美しい風景」「速く歩く」等である. これらは, 複数の自立語が連結するものだが,「庭の」「梅が」「咲いた」のように名詞や動詞等の自立語に助詞や助動詞が連結した言語単位を「連語」とする考えもある. その場合,「歩かされた」のように, 自立語に活用する助動詞が連結したものを「活用連語」という. さらに「に関して・に対して・をめぐって」のように助詞と語が結合して一つの助詞のような機能を果たすものを「複合辞」や「助詞相当連語」と呼ぶことがある.

　「顔を洗う・雨が降る・ゆっくり休む」のように, 自立語の連結によってできた連語の意味は, 個々の語の意味の総和といえる. つまり, 個々の意味の結びつきから全体の意味を類推することが可能である. これに対して,「手を焼く・腹が立つ・目がない」等, 二つ以上の自立語が固定的に連結して一定の意味を表すものを慣用句というが, それは全体の意味が構成要素の語の意味の総和ではなく, 類推が不可能という点で連語と区別される. また, 連語は「顔をきれいに洗う」等, 連語のなかに他の要素を挿入することができるが,「腹がとても立つ」とはいえ

ないように，慣用句はそれができないという点でも異なる．

　一般的には「連語」は，以上に述べたような言語単位をいうが，国語辞典における「連語」はいささか異なる．まず，慣用句は国語辞典の中で取り上げられることが多いが，「歯をみがく・客が来る・船に酔う」等の典型的な連語は取り上げられることが少ない．「連語」の表示のあるものには，以下のように連結が固定的で一定の意味を表すさまざまな言語単位がある（注3）．

　（例）　①ある‐べき 連語 　　②あわせ‐て【合わせて】連語

　　③いわず‐と‐しれた【言わずと知れた】連語 　④った‐って 連語 (注4)

　　⑤よりに‐よって【選りに選って】連語 　⑥で‐は 連語 (注5)

6.2　活　　用

6.2.1　活用の種類と活用の行

　活用とは，同一の単語が用法の違いに応じて，異なった形態をとることであり，活用によって語尾が変化して現れる種々の語形を活用形という．活用する自立語を用言といい，動詞，形容詞，形容動詞がある．また，活用する付属語には助動詞がある．現代語（口語）においては，活用語に助動詞や助詞が後接するときの語形によって，未然形，連用形，終止形，連体形，仮定形，命令形に分けられる．動詞を例にして，各々活用形の用法をまとめたものが表2である．

　用言の活用には，動詞型活用，形容詞型活用，形容動詞型活用がある．現代語において，動詞型活用の種類は表3の五つ，形容詞型と形容動詞型の活用の種類はそれぞれ一つである．

　動詞五段活用は，活用語尾の母音が「ア・イ・ウ・エ・オ」の五段にわたって交替するものである．動詞上一段活用はイ段だけで活用し，活用語尾が未然形，連用形はイ段，他の活用形はイ段に「る・れ・ろ（よ）」がつくものである．

　動詞下一段活用はエ段だけで活用し，活用語尾が未然形，連用形はエ段，他はエ段に「る・れ・ろ（よ）」がつく．下一段活用の動詞には，五段活用の動詞から派生した可能動詞がある．たとえば，五段活用動詞「読む」に対する下一段活用動詞「読める」である．可能動詞には命令形がない．カ行変格活用（カ変）は動詞「くる（来る）」，サ行変格活用（サ変）は動詞「する」の活用だけに見られる特殊な活用で，これらは語幹と活用語尾が分けられない．ただし，サ変の動詞には「愛する・感ずる・賛成する」のように語に「する」が結合した複合語が多

表2　動詞活用形の用法

活用形	用法	下接する助動詞／助詞	例語：かく（書く）	
			語幹	活用語尾
未然形	単独用法はない.	う・よう・れる・られる・せる・させる・ない等	か	か（ない）こ（う）
連用形	中止法（注6）や名詞化用法（注7）がある.	ます・た・たい・そうだ（様態）／て・ても・たり・ながら等	か	き（ます）い（て）
終止形	文の終止を表す.	そうだ（伝聞）・らしい／が・から・けれど・し・やら・な等	か	く
連体形	名詞類を修飾する.	ようだ／の・ので・のに・ぐらい・ばかり・だけ・しか等	か	く
仮定形	仮定条件を表す.	／ば	か	け（ば）
命令形	命令の意味で文を言い切る.		か	け

表3　用言の活用の種類と活用形語尾

活用の種類	語例	語幹	未然形	連用形	終止形	連体形	仮定形	命令形
動詞五段（五段）	咲く	さsa	-か・-こk-a・k-o	-き・-いk-i・i	-くk-u	-くk-u	-けk-e	-けk-e
動詞上一段（上一）	起きる	おo	-きk-i	-きk-i	-きるk-iru	-きるk-iru	-きれk-ire	-きろ・-きよk-iro・k-iyo
動詞下一段（下一）	乗せる	のno	-せs-e	-せs-e	-せるs-eru	-せるs-eru	-せれs-ere	-せろ・-せよs-ero・s-eyo
動詞カ行変格（カ変）	来る	×	こ	き	くる	くる	くれ	こい
動詞サ行変格（サ変）	する	×	させし	し	する	する	すれ	しろ・せよ
形容詞	高い	たか	-かろ	-かっ-く	-い	-い	-けれ	×
形容動詞	静か	しずか	-だろ	-だっ-で-に	-だ	-な	-なら	×

数ある（「する」については6.2.2項参照）. これらは，複合語の前部分が語幹になる. 形容詞と形容動詞の活用は1種類しかなく，どちらも命令形がない. なお，「柔らかい」と「柔らかだ」のように，語幹が同じで，意味も共通するが，形容詞と形容動詞のどちらにも活用するものがある.

　動詞の活用について，たとえば「書く」は「カ行五段活用」ということがある．この「カ行」というのは活用する行を示すもので，「書く」の活用語尾が「か/こ・き・く・く・け・け」のように五十音のカ行で語形変化をすることを表す．

　国語辞典には付録として，品詞分類表や用言と助動詞の活用表が掲載されるのが一般的である．『新選国語辞典　第9版』(小学館，2011) では，活用する見出し語の品詞や活用についての情報は以下のように示されているが，見出し語ごとには活用形が示されないことが多い．

　（例）か・りる【借りる】 他上一 　リ｜リ｜リル｜リル｜リレ｜リロ・リョ

　　　　はたら・く【働く】 カ・コ｜キ・イ｜ク｜ク｜ケ｜ケ 　㊀ 自五……㊁ 他五

　　　　たのし・い【楽しい】 形 　カロ｜カッ・ク｜イ｜イ｜ケレ｜○

　　　　おだ・やか【穏やか】 形動 　ダロ｜ダッ・ダ・ニ｜ダ｜ナ｜ナラ｜○

　　　　たい 　助動 　タカロ｜タカッ・タク・トウ｜タイ｜タイ｜タケレ｜○

　「借りる」は，語幹が「か」，活用語尾が「りる」で，他動詞でラ行上一段活用の語であることが示されている．「働く」はカ行五段活用の語であるが，自動詞と他動詞がある．○はその活用形がないことを表す．助動詞の活用型は多様であるが，希望の助動詞「たい」は形容詞型の活用であることがわかる．

6.2.2 「スル」と「ト・タル」

　サ行変格活用の動詞「スル」には，自動詞（音が<u>する</u>）と他動詞（勉強を<u>する</u>）の両方の用法がある．また，「スル」は，（例）のように名詞や漢語語基に後接して多くの複合動詞を形成する．これらは，「スル動詞」「サ変動詞」「動名詞」等と呼ばれる．①から④の動詞は基本的にサ行変格活用（サ変動詞）である．

　（例）①　得する・掃除する・噂する・引っ越しする・キスする・チェックする

　　　　②うろうろする・ふらふらする・どぎまぎする・がたがたする

　　　　③愛する（愛す）・処する（処す）・訳する（訳す）・略する（略す）

　　　　④感ずる（感じる）・信ずる（信じる）・甘んずる（甘んじる）

　①の例は，名詞に「スル」が後接した複合動詞である．前要素の名詞には，和語もあるが，漢語や外来語のものが多い．またこれらの例は「名詞＋を＋する」の形にいいかえられるものである．②は，副詞のいわゆる「擬音語・擬態語」に「スル」が後接したものである．③は，漢語語基に「スル」が後接したものであ

るが，このタイプには終止形が「ス」になるものもある．「スル型」はサ変動詞であるが，「ス型」は五段活用動詞で，たとえば「愛す」は，「さ・そ｜し｜す｜す｜せ｜せ」と五段に活用する．④は漢語語基に「ズル」が後接したもので，サ変動詞であるが，「ジル」が後接するものもあり，このタイプはザ行上一段活用動詞である．たとえば「信じる」は，「じ｜じ｜じる｜じる｜じれ｜じろ・じよ」と活用する．

　国語辞典において，見出し語の名詞や副詞がサ変動詞にもなる場合，品詞情報は，たとえば以下のように表示される．

　　（例）①うわ-づみ【上積み】名 他サ変　　②うん-こう【運行】名 自サ変

　　③うろ-ちょろ　副 自サ変　　④デート〈date〉名 自サ変

　文語（古語）形容動詞には，「ナリ活用」と「タリ活用」（注8）のものがある．そのタリ活用の連用形「-と」および連体形「-たる」の語は，現代口語においても用いられるが，国語辞典においては，以下のように形容動詞と表示するものと，それぞれ副詞・連体詞と表示するものがある（例①は『明鏡国語辞典　第3版』，②は『新選国語辞典　第9版』の表示である）．

　　（例）①どう-どう【堂堂】〔形動ト／タル〕　②どう-どう【堂堂】(と)副 (たる)連体

　　　　　　　　　　　　　　　　　　　　　　　　　　　　　　　　　　　[山下喜代]

注

注1　五段活用の動詞が，下一段活用に転じて可能の意味を表すようになったもので，「書く」に対して「書ける」，「立つ」に対して「立てる」が例として挙げられる．

注2　動詞が他の語に後接して形式化した意味を表し，付属語的な役割をするもの．たとえば，「書いている・食べてしまう・読んでおく」の「いる・しまう・おく」等である．

注3　『明鏡国語辞典　第3版』（大修館書店，2021）は，連語の扱いについて，「複数の単語が固定的に結びついて用いられるもので，原則として全体が一文節以内のものを連語とする」と規定している．『新選国語辞典　第9版』（小学館，2011）では，「すみません」等の連語は「あいさつ語」として区別している．

注4　「ったって」は，「と言ったとて」が「と言ったって」を経て変化してできた短縮形である．『明鏡』では見出し語となっているが，連語として見出し語にしている辞典は少ない．

注5　助動詞「だ」の連用形「で」と助詞「は」の連語で，「であっては・であるならば」の意味．

注6　述語である用言の連用形を用いて文を中止し，次に続ける用法．たとえば，「歯
　　を磨き，顔を洗う」の「磨き」，「空は青く，風は爽やか」の「青く」等である．

注7　動詞の連用形が名詞になる用法で，たとえば「読む」の連用形「読み」が「読み
　　が足りない」のように名詞化するものである．

注8　たとえば「豊かなり」は，「なら｜に・なり｜なり｜なる｜なれ｜なれ」と活用し，
　　「洋洋たり」は，「たら｜と・たり｜たり｜たる｜たれ｜たれ」と活用する．

7 国語辞典と語義の解説

7.1 語義の示し方

7.1.1 語義記述の順序（現代語・古語）

　見出し語の解説を語釈と呼ぶ．語釈は単語の意味を記述することだが，辞典の編集方針によって語釈の配列順序が異なる．現代語中心の辞典か，古語を知るための辞書か，それらを包括する大型・中型の国語辞典なのか，ということによっても編集方針に違いが現れる．

　大型辞典『日本国語大辞典　第2版』の凡例には，以下のように見える．

　　　五　語義説明は，ほぼ時代を追って記述し，その実際の使用例を，書名とその成立年または刊行年とともに示す．

　古語辞典ならば基本的な態度であろう．その意味では，現代語をふくむとはいえ，通時的な観点から語を採取する大型・中型辞典は語義の配列が時系列順になるのは古語辞典の性格を残存させていることがわかる．同書は初出用例の掲出に注力しているので，もっともな方針ではある．

　中型辞典では，『広辞苑』が初版（1955）以来，編集方針に，

　　　2　一つの語に，いくつかの語義のあるものは，原則として語源に近いものから①②③の形で列記した．

と掲げ，古語も現代語も語源に近い順に配列する方式を採用する．

　一方，『大辞林』は初版（1988）以来，凡例に次のような方針を掲げる．

　　　(1)　意味の記述順序は次のようにした．

　　　(ア)　現代語として用いられている意味・用法を先にし，古語としての意味・用法をあとに記述した．

　　　(イ)　現代語は一般的な語義を先にし，特殊な語義や専門的な語義をあとに記述した．

表1 〈たのむ〉の語釈の比較

『広辞苑』	『大辞林』
たの・む【頼む・恃む・憑む】［一］〔他五〕手を合わせて祈る意からか. 自分を相手にゆだねて願う意. ①力を貸してもらえるよう, 相手にすがる. 万葉集14「いましを—・み母に違ひぬ」. 源氏物語明石「住吉の神を—・みはじめ奉りて, この十八年になり侍りぬ」②あてにする. それを力とする. 万葉集11「吾妹子が袖を—・みて真野の浦の小菅の笠を着ずて来にけり」. 源氏物語賢木「なき人に行きあふ程をいつと—・まむ」.「衆を—・んで横車を押す」「師と—・む人」③信用する. 万葉集4「百千たび恋ふといふとも諸茅らが練の言葉は吾は—・まじ」④他にゆだねる. 委託する. 依頼する. 天草本伊曾保物語「親類を—・うで, 再び帰りあはれいと妻を頼まるれど」.「仕事を—・む」「出前を—・む」	**たの・む**【頼む】一（動マ五［四］）①相手に, …してくれ, または…しないでくれと願って, それを相手に伝える. 依頼する.「知人に就職の斡旋（<ruby>斡旋<rt>あっせん</rt></ruby>）を—・む」「友人に伝言を—・む」「人にいわないように—・んでおく」②どう活動・処理すべきなのか知っている人に処理などを依頼する.「引っ越しをするので運送屋を—・んだ」「子供たちをよろしく—・みます」③（「恃む」とも書く）依存しうるだけの能力がそれにあると信じる. あてにする.「一家の柱と—・む人」「数を—・んで押し切る」「万一を—・む（＝メッタニナイ幸運ヲ願ウ）」「—・むに足らず」④信じる. 信用する.「諸弟（<ruby>諸弟<rt>もろと</rt></ruby>）らが練りの言葉は我は—・まじ／万葉集774」

（ウ）古語は, 原義を先にし, その転義を順を追って記述した.

　同じ語形でも歴史的に語義が変化し, 現代に至る語は（ア）のように先頭に配列し, 現代語でも（イ）のように一般から特殊へと配列する. 現代語では使わない古語は, 古語辞典や大型辞書や『広辞苑』と扱いは変わらない.

　表1に, 〈たのむ〉という語のブランチ（意味分岐）①〜④までを比べて確認しておこう（記号等は一部省略）.

　『大辞林』では①〜②で現代語の「依頼」の意味がみえるのに対し, 『広辞苑』は④で現代語の「依頼」がみえるようになる時系列的配列である. 倉島節尚（1995）は,「これまでの国語辞典は例外なく, その言葉のもともとの意味から書き起こし, 時代の変遷を追って書き進め, 最後に今日の意味が記されている.」と指摘し,「従来のような時系列を追った記述方法を歴史主義と呼ぶならば, 『大辞林』は現代に立脚するいわば現代主義とも言うべき立場をとったと言える.」という立場の違いを述べる. 対照的な同規模の辞典だが, 歴史的配列か, 現代的用法を優先するかは, 使い手の目的しだいということになる.

7.1.2　語義区分（品詞・活用・用法）

　ニーズという点でいえば小型辞典の場合, 古語を積極的に採録しないのが普通

であるが，『新選国語辞典』は学習用国語辞典としての性格をも残し，「中学校・高等学校の国語科学習に必要な基本的な古語」という観点から，古語を積極的に採録する．この場合も，同じ語形の場合，示し方に措置が必要となる．『新選 (9)』では現代語と古語との記述を別立てにしている．歴史主義的な立場に立てば，連続性を重んじて区別しない方式になるだろう．

> あわれ【哀れ】〔×憐れ〕あはれ 一㋑ 名①かわいそうに思うこと．ふびん．「―をもよおす」「―をさそう」②深く，しみじみと心をうつ感動．情趣．「ものの―」㋺ 形動かわいそうなようす．みじめだ．「―な姿」哀れがる 自五哀れげ 形動哀れさ 名二 古語㋑ 感ああ．「あはれいと寒しや」〈源氏〉㋺ なり形動しみじみと心をうつ，趣深いようす．「烏の寝どころへ行くとて，三つ四つ，二つ三つなど飛び急ぐさへあはれなり」〈枕〉

また，現代語の「嗜む」と「窘める」は活用の種類が異なるが，古語では終止形が同形となる．このような語は，終止形と活用の種類を示すにとどまる．

> たしな・める〔×窘める〕他下一いましめる．「いたずらを―」たしな・む 文語下二

これが，『広辞苑』のように歴史主義に立つ辞典だと，古語を主として，現代語に参照指示を与え，「たしなめる」は別途立項している．

> たしな・む【窘む】[一]〔自四〕①苦しむ．なやむ．辛苦する．困窮する．法華経天喜頃点「常に飢渇に困タシナムて」．傾城禁短気「末長う何がお引き廻しなされて睟すいにして下さんせと―・ませてやりませう」②苦労してはげむ．日本紀竟宴歌「みことのりを受けて此の道に―・むことは」[二]〔他下二〕⇒たしなめる（下一）

辞典の規模と目的によって，現代語と古語の品詞，活用の種類の取り扱いが見出しの立て方にも違いを生じさせたのである．

また，基本的な和語では，しばしば動詞の自他，活用の種類によって用法が変わる．「あける」を例に，いくつかの辞書を検証してみよう．

「あける」は現代語で自他同形動詞だが，文語でも「あく」という自他同形動詞である．そのため，まずは大きく自動詞と他動詞に二分する辞典が多い．

中型辞典では，ブランチ数も多くなるが，『広辞苑』は，自動詞は「明ける」と漢字表記を添えたうえで，「アカ（明・赤）と同源で，明るくなる意」，他動詞は「明ける・開ける・空ける」と漢字表記を添えたうえで，「アカ（明・赤）と

同源で，ものを明るみに出す意」という語源解説を付して見出しを二分し，前者に①〜③，後者に①〜⑧のブランチを立てる．『大辞林』は，一つの見出し「あける」のなかで，一（他動詞），二（自動詞）と二分するが，前者に①〜⑪，後者に①〜③のブランチを立てる．このように，基本語では，語義をどの程度のブランチに分けるかは編者の考え方が反映するが，他動詞「あける」は多義なので，「しめる，とじる，みたす，ふさぐ，つめる」などの対義語を対応させることで，説明を補強している．

　こうした要素を小型の『明鏡国語辞典』では組み合わせて盛り込む方法をとっている（例文はすべて省略）．

　　　あ・ける【明ける】〔自下一〕①夜が終わって朝になる．②古い年・月が終わって，新しい年・月になる．③ある期間が終わる．◇「開ける」と同語源．↔暮れる　語法①②は「夜が明ける／朝が明ける」「旧年が明ける／新年が明ける」のように，古いものと新しいものの両方を主語にとる．前者は現象の変化に，後者は新しく生じた変化の結果に注目していう．同種の言い方に「水が沸く／湯が沸く」などがある．

　　　あ・ける【開ける・空ける・明ける】〔他下一〕①〖開〗隔てや覆いなどを取り除いて，閉まっていたものを開ひらいた状態にする．②〖開・空〗穴などの空間を作る．③〖空〗移動してその場をあいた状態にする．また，中身を全部使って器をからにする．④〖空〗移動してその場を使えるようにする．また，その場を占めていたものを取り除いて場所・時間などを使えるようにする．（以下，⑧まであるが，略）①⑥↔閉める・閉じる　④⑤↔ふさぐ

　意味の広い和語では，同訓異字を語義区分に利用することがある．上では他動詞「あける」の項末に表記情報として，「「開」は「閉じる・閉める」の対語として，「空」は空にする，空白を作る意で使う．「明」は，明るくなって見通しがひらけるなどの意で使う．」のように情報を付加し，語義区分を補強する．ただし，同訓異字がつねに語義区分と適切に対応するわけではない．

7.1.3　語義解説の方針と個性

　語義の解説を執筆する際に押さえるべき点を考えてみよう．たとえば，「およぐ」という語について解説するとき，他の語と区別するために，どのような点に注目

すべきかをまとめてみる.

　　ア　主体：主に哺乳類, 両生類, 魚類 (⇒植物, 物体や船舶には使わない)

　　イ　場：水中・水面 (⇒比喩的には地上・空中でも不安定な状態に言う)

　　ウ　部位と動作：手足やひれなどを動かす (⇒「うかぶ」などと別)

　　エ　方向：主体の目指す方向 (⇒「おぼれる・ながれる」などと別)

　これらの意味特徴が語釈にどう反映されているか, 検討してみよう (各辞典名略記後の数字は版次. 語釈以外の情報を省略したところがある).

　A　一〈どこヲ―/どこマデ―〉〔ァ人や魚などが〕からだを△ィ水面 (水中) に浮かせ, △ゥ手足 (ひれ) を動かして進む.「海で―/人ごみの中を泳いで〔＝人をうまくよけながら〕進む/政界を巧みに―〔＝うまく立ち回る〕」二〔すもうなどで〕前のめりによろけて,「泳ぐ―」ような手つきをする.　　　　　　　　　　　　　　　　　　　　　『新明解 (7)』

　B　①ァ人・動物がィ水の上にからだをうかばせて進む.　②ァさかななどがィ水の中を進む.　③〔すもう・野球などで〕前のめりになってよろめく.「外角球に泳がされる」④不安定になる.「足が―〔＝ぶかぶかのくつの中で足が動く〕・目が―〔：⇒「目」の句〕」⑤おしわけて通る.「人波を―」, ⑥うまく世の中をわたる.　　　　　　　　　　　　　　　『三省堂 (7)』

　C　①ァ人や動物がゥ手足やひれを動かして, ィ水面・水中を進む.「海で―」「川を―・いで渡る」「魚 [オタマジャクシ] が―」語法「一〇〇メートル自由形を―」や「リレーではアンカーを―」など, ～ヲに〈競技名 (＝同族目的語)〉や〈役割〉を表す語をとるときは, 他動詞としても使う.②(うまく) 世の中を生きてゆく.「財界を巧みに―」「世間 (の荒波) を―」③人などを押し分けて進む.「人込みの中を―ようにしてやってくる」「圭さんは坊主頭を振り立てながら, 薄すすきの中を―・いでくる〈漱石〉」水をかきわけて進むさまに見立てていう.④前のめりになってよろめく.「はたかれて―」水中での動作に見立てていう.⑤〔やや雅語的な言い方で〕こいのぼりなどが空中に浮かび漂う.「重なる波の中空を, …高く―や, 鯉のぼり〈鯉のぼり〉」「クジラの形をした飛行船がゆったりと大空を―」　　　　　　　　　　　　　　　　　　　　　　　　　　　　『明鏡 (2)』

　D　①ゥ手足を動かしてィ水中を進む. 水泳する.　夏②世間をじょうずにわたる.「うまく世の中を―」③前のめりによろける.「つまずいて―」

『新選 (9)』

E　①ァ人間や魚などがゥ手足やひれを動かして，ィ水中・水面を進む. ②前
　のめりになってよろめく. 「はたかれて―」③世の中をうまく渡る. 「政界
　を―・ぎまわる」　　　　　　　　　　　　　　　　　　　　　　　　　『岩波 (8)』

　A～Eで比喩的な語義を除き，第一義のみで比較すると，イ・ウはすべての辞
書にあり，アは各辞典で判断が異なる. Dでアを欠くのは語釈に「手足」を用い
たことで，植物や物体と区別できるということだろう. また，Bのみが魚をとく
に分けて②としているのは，イを水面と水中に分けたことと関係しよう. どの辞
典でもエを問題としないのは，「進む」という語が意志を働かせていることです
む，という判断だと思う. C③で「人込みの中を―ようにして」と直喩の例も挙
げていることや，⑤の記述から，比喩的な表現も広く語義としてとらえる方針か
らか，ほかよりも語義区分が細かくなっており，補足説明も多い.

　上のような意味特徴を束ね上げていく方法で語釈の精度を高めていくことがで
きる語とは性格が異なり，位置関係をめぐる語（ダイクシス＝直示）に関する解
説は各辞典で工夫が見られる. 古く『言海』(1889～1891) の「右」の項に，

　（一）人ノ身ノ南ヘ向ヒテ西ノ方. 左ノ反. ミギリ.

とみえ，すでに堂々めぐりを避けようとしている. 『言海』より後で，規模の大
きな『言泉』(1929) では「左の正反対. みぎり.」で済ませているので，当時に
して『言海』が良心的な辞典であったことがわかる. 現代の各種小型辞典で確認
すると，興味深い. 現代で，方位によって説明しようとする辞典（原則として第
一義のみ）は，次のA～Dである. ただし，Dは辞典のページ位置を指定して，
いわば図式的な情報を補足している点で工夫が見られる.

　A　①北を向いたとき，東に当たる方向・位置. ⇔左.　　　　　『集英社 (2)』

　B　①東に向かって南のほう. 大部分の人にとって，はしを持つ手のあるほ
　　う. ⇔左.　　　　　　　　　　　　　　　　　　　　　　　　　『新選 (9)』

　C　一東に向かって南に当る方. 手の位置では，多くの日本人がペンや箸（ハ
　　シ）を持つ方. ⇔左　　　　　　　　　　　　　　　　　　　『新潮現代 (2)』

　D　相対的な位置の一. 東を向いた時，南の方. また，この辞典を開いて読
　　むとき，偶数ページのある側を言う.　　　　　　　　　　　　　『岩波 (8)』

　E～Gは方位を用いずに，文字や筆の運びなどを用いた説明である. Gは，一
般に語釈が簡素な類語辞典にあって，とくに語釈に工夫が見られるので掲げた.

E 　□アナログ時計の文字盤に向かった時に，一時から五時までの表示のある側．〔「明」という漢字の「月」が書かれている側と一致〕『新明解 (7)』

F 　①横に〈広がる／ならぶ〉もののうち，一方のがわをさすことば．「一」の字では，書きおわりのほう．「リ」の字では，線の長いほう．「向かって 一・—がわ通行」 　　　　　　　　　　　　　　　　　　　　　　『三国 (7)』

G 　英語などの横書きの文を書き進めていく方向（にあるところ）．「次の角を〜に曲がってくれ」「大きな木の〜に池がある」 　　　　　　『類語大辞典』

これら生活のなかで経験できる事象で感覚に合致する例を掲げる辞典としては，『例解新国語』が野球の１塁側，３塁側で説明した版もあったが，現行第9版では次のH①のように人体を使った説明に差し替えられた．

Hは，他の辞書で先頭に掲げる語釈をむしろ②の例として説明している．これは，「右」が視点による相対的方向であることを主張したかったのだと理解できる．こうしたダイクシスに関する語は図示するほうが容易に説明できるわけだが，文で説明しようとすると，語釈の執筆者は頭を悩ませることになる．

H 　①人体を対称線に沿って二分したとき，心臓のない方．体の右側．「—の手が痛い」②「前後左右」で表される相対的方向の一つで，「右」の方向．また，その方向にある場所．例えば，話し手が北を向いたとき東に当たる方など．「そば屋の角を—に折れる」「—から三人目が田中君だ」 語法 左右が紛れるときは，視点を明らかにして「向かって—の入り口から入る」「客席から見て—が上手ゕゕだ」などの限定が必要となる． 表現 対面する相手には，しばしばその人の立場に身を置いていう．「〔バスガイドが〕—に見えますのは岩木山です」 　　　　　　　　　　　　　　　　　　　『明鏡 (2)』

上で取り上げた「右」のような基本的な語は，定義しようとすると，堂々めぐりが起こりやすい．辞典の記述にあたって，堂々めぐりについて，見坊豪紀 (1976) は，定義される語と，定義するための言葉（「もの・こと・ところ・とき・する・おおい・ひとつ」などや，大部分の助詞・助動詞）とに分け，「いちだんとやさしい用語でこれらを定義することはできない．」と考える．そのため，堂々めぐりを解決する方法は次の二つだという．

第一は，いちだんとやさしいことばで定義することはほどほどにして，見出しの概念を適当な用語体系で徹底的に説明すること．第二は，抽象の度合いやむずかしさの程度に応じて，ことばを幾種類かの段階に分け，同じ段階の

用語を使って定義をすること.

　見坊の編纂になる『三省堂国語辞典』が語釈それ自体をやさしい表現で書くことを基本方針の一つにしたことの背景が語られた部分である.

　逆に，語釈をどこまでくわしく書くかは，辞典の個性と関係する．語によって語釈の情報量の異なる辞典として『新明解』がとくに知られている．個性的な語釈として有名なのは，第4版で「いたちごっこ」が28行にわたっていることである.「〔江戸時代後期にはやった子供の遊戯〔向かい合った二人が「鼬ごっこ鼠ごっこ」と唱えながら相手の甲をつまんで順次に重ね行くことを際限無く繰り返した事〕に基づく〕」で始まり，一〜五に分かれるが，最後の「⑤当局が取締りを強化すれば相手はその裏をかいたりさらに新たな抜け道をくふうしたりするというように，被取締り者の行動を封ずる当局の試みがなんら根本的な解決にはなっていないために，現在の好ましくない対立が止めど無く繰り返されること.」とあって，個別の事案を念頭に置いたような語釈である．これは第5版で消え，第7版では「①相手の手の甲（コウ）をつねり，つねった手を相手の手の甲にかさねる，それをおたがいにくり返す遊び．②同じことのくり返しで，なかなからちが明かないこと.」に縮約されている．語釈の簡潔な『新選（9）』では，「①たがいに手の甲をつねりながらかさねる，子どものあそび．②同じことをくりかえして，らちのあかぬこと.」と近くなり，『新明解』の記述方針が，語釈の汎用性を求める方向に変化している．これも，そのときどきの編者の判断によるもので，辞典の個性を決める要因となる.

7.1.4　類義語・対義語

　類義語や対義語を俯瞰的に図示しようとする試みに，図1のように星図になぞらえたモデルがある．このモデルは，円の面積で表される語の意味の広さ，語どうしの位置の遠近による関連の度合いなどが表現されている．いわゆる類語辞書は，個別の語の定義，解説にスペースを割くよりも，語の体系を示そうとする目的で作成される．語どうしの関係を整理した語彙集をシソーラス（thesaurus）と呼ぶ．現代日本語のシソーラスのさきがけは，『分類語彙表』(1964) で約3万3000語を収録，『分類語彙表　増補改訂版』(2004) で約7万9000語に増補して公表されている．『分類語彙表』に語釈はないが，語の文法的性質（整数部分）と意味部門，分類項目（小数点以下）を表す数字によって図2のようなカテゴリ

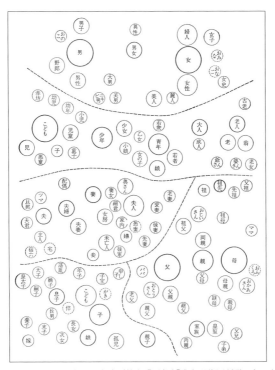

図1 星図になぞらえた語彙表（林大「語彙」『講座現代国語学Ⅱ』より）

1	体の類	2	用の類	3	相の類
1.1	抽象的関係	2.1	抽象的関係	3.1	抽象的関係
1.10	事柄	2.10	事柄	3.10	事柄
1.1000	事柄				
1.1010	こそあど・他	2.1010	こそあど・他	3.1010	こそあど・他
1.1030	真偽・是非	2.1030	真偽・是非	3.1030	真偽・是非
1.1040	本体・代理			3.1040	本体・代理

図1 分類番号の構造

```
          ┌─── 体の類 ················（類）
          │  ┌─ 精神および行為 ······（部門）
1.3123 ───┤  │
          └──┤  伝達・報知 ·········（分類項目）
             │
             └─ 言 語 ··············（中項目）
```

図2 分類番号の構造

ーに整理され，そのなかにさらに具体的な語が図3のように配置される．（山崎・小沼（2003）に基づく）．もちろん同一カテゴリーに所属する語は，類義関係だ

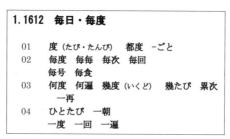

図3 分類番号と所属語彙

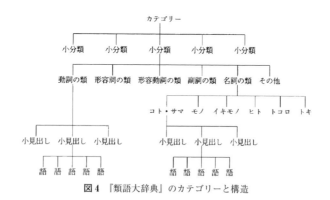

図4 『類語大辞典』のカテゴリーと構造

けでなく，対義関係の語も所属することになる．対義語は，類義語の一部であるともいえる．

　この方式は現代語だけでなく宮島ほか『日本古典対照分類語彙表』でも応用されている．また，分類項目の立て方は異なるものの，山口『日本語大シソーラス―類語検索大辞典』も1044のカテゴリーに対して分類番号を与え，類語を検索できるように工夫しており，収録語数のうえでも延べ30万語を超える点に特徴がある．

　『分類語彙表』は，研究者にとって必備の資料だが，一般の目にふれるのは，語釈を加えた類語辞典であろう．21世紀に入り，新しく大規模な類語辞典が刊行されているが，柴田・山田『類語大辞典』は語釈もていねいである．同書は，100のカテゴリーを図4のような構造で体系化している．中村ほか『三省堂類語新辞典』では，「I自然：A天文・気象～F動物／II人間：G人体～L活動／III文化：M社会～R認定・形容」のように3大分類をし，その下位にA～Rの18ジャンルを配置する方式をとる．

表2　『現代国語例解辞典』における類義語の対照表

	―景色	―友情	―空気	―払う	―自然
美しい	○	○	―	―く―	○
きれい	―な○	―な―	―な○	―に○	―な―

　国語辞典では，語釈の最後に，見出し語の言いかえとして類義語を加えること
が多い．また，対義語は '⇔' のような記号を用いて見出し語に対するものとし
て掲げ，参照させる方式をとることが多い．中型辞典では，書籍版『大辞泉』が
項末に類義語をまとめて掲げる工夫をしている．国語辞典で類義語の扱いに手厚
いのは，『現代国語例解辞典』である．「うつくしい」を例にとると，類義語の用
法を表2のようにまとめたり（形式は第4版による），見出し語が和語である場
合には，漢語の類義語を掲出するなどの工夫がみえる．これは，松井栄一の発案
で，『小学館日本語新辞典』も同様の形式を用いる．

　　［うつくし・い　美しい］《形》1 物の姿，形，色，音などが鮮やかに快く感
　　　じられるさま．きれいだ．みごとである．↔醜い．「花が美しい」「美しい
　　　メロディー」漢優美・華美・美麗・秀麗・華麗．

『現代新国語（6）』でも項末に類義語・対義語がまとめて見られる．

7.2　専門的な使用分野

7.2.1　専門用語

　専門用語は，当該分野の専門辞典や学術用語集等が用意されているが，国語辞
典では分野の略称を語釈の先頭に掲げたり，語釈で注記したり，語によってまち
まちである．分野の略称は凡例に一覧表が示されることもあるが，自明だとして
凡例に現れないこともある．小型辞典で収録語数の多い『新選（9）』を例に取り
上げよう．

　　A　あいべつり−く【愛別離苦】《仏》八苦の一つ．親子・兄弟・夫婦など愛
　　　する人が心ならずもわかれるくるしみ．

　　B　あ−うん〔˟阿˟吽・˟阿˟吽〕①《仏》口をひらいて出す音と，口をとじ
　　　て出す音．（略）―の呼吸（きゅう）すもうの仕切りなど，二人で何かをするとき
　　　の気持ちの合い方．

　　C　アウト《out》㊀①テニスや卓球などで，球が規定の線外に出ること．

⇔イン．②野球で打者や走者が攻撃の資格や塁にいる権利をなくすこと．
⇔セーフ．③ゴルフで一八ホールの前半九ホール．⇔イン．

D　　かん-かい【寛解・緩解】病気が完治したわけではないが，症状が軽く
なったり，ほとんど消滅したりすること．参考 特に白血病・がん・統合
失調症など再発する可能性のある病気で使われる．

E　　い-ごん【遺言】「ゆいごん」の法律用語．

F　　ゆい-ごん【遺言】死後のためにいいのこすこと．また，そのことば．
いごん．参考 法律用語では「いごん」という．

A，Bは仏教語だが，Aは仏教語以外でほとんど使われないのに対し，Bは「あ
うんの呼吸」と句になれば一般語となる．Cは各競技で指す内容が異なるので，
競技用語として専門的とはいえるが，どれも大衆的なスポーツなので専門語とは
意識されにくいように思う．Dは医療関係で用いられるが，医学用語というまで
に確定的ではない，という専門家の意見もあるので，〘医〙のようなラベルづけ
はされていない．E，Fは概念の問題というよりも，法律分野での読み癖なので，
相互に参照させて「法律用語」と注記する．類例では，「図画」を法律用語で「と
が」と読むことが挙げられる．こうした一見不統一な扱いは，何が専門語なのか，
という点から考えれば，むしろ自然な措置である．

専門語について，宮島（1981）は，(1)「専門語のいちばん大きな特徴は，一
般的につかわれないこと，または，一般の人にしられていないことである．（略）
専門語と一般語との差は，けっきょく，程度の問題だということになる」という
立場と，(2)「専門分野の概念をあらわすものが専門語だというものである．（略）
この意味での「専門語」は，厳密にいえば，「一般語」と対立するものではない」
という立場の二つを認める．これは単語そのものを専門語と一般語とに二分はむ
ずかしく，どのような属性の人が，どのような場で使用するかが重要だというこ
とである．国語辞典で専門語の表示を統一しにくい理由もそこにある．

7.2.2　季語・歌枕・枕詞

連歌や俳諧・俳句に詠み込まれる季節を表す語を「季語」または「季題」とい
い，歳時記などにまとめられている．歌枕は，繰り返し詠み込まれることで情趣
をそえるようになった特別の地名を指す．枕詞は，和歌のレトリックで，「導か
れる語」と固定的な結びつきをもつものをいう．これらは，古語辞典では当然記

載されるが，現代語をふくむ国語辞典では，大型・中型辞典に情報として付されることが多い．しかし，『旺文社国語 (11)』，『新選 (9)』のように，中学・高校の国語学習を視野に入れて古語もふくむタイプの小型辞典には，季語の表示がある．とくに，『旺文社国語』は，代表的な和歌や俳句の初句を見出しに立て，巻末にはそれらの索引を付したり，「季語集」をまとめたりして，古典学習に配慮している．

　　かきくへば…俳句〔柿食へば　鐘が鳴るなり　法隆寺〕〈正岡子規〉法隆寺
　　　門前の茶店に休んで，大和名物の御所柿を食べていると，折から鐘が鳴り
　　　響いてきた．いかにも秋が感じられることだ．(柿秋)

　　たらちねの…和歌〔垂乳根の　母が釣りたる　青蚊帳を　すがしといねつ
　　　たるみたれども〕〈長塚節〉(以下，解釈は略)

このほか，語ごとに季語の表示があるのは，『現国例 (5)』，『三現新 (6)』などがあり，後者は巻末でも季語一覧をまとめたような工夫も見られる．『学研現代新 (6)』は巻末に季語，枕詞などを含む「古語小辞典」を付録とする．こうした配慮は，国語学習に必要な情報であるということのほかに，現代人で句作，作歌にいそしむ人びとからの需要があるからだともいわれる．

7.3　語 の 由 来

　語の発生段階における意味と形態を語源という．語源に関しては根源的なものであることから関心が高く，江戸時代の新井白石『東雅』(1717) のような辞書体の成果がある．国語辞典で語源の記述で注目された『大言海』(1932〜1935) は，語釈の前に，〔　〕内に語源情報がある．ただし，語によって必ずしも語源ばかりではなく，音変化や語構成に関する記述であることも少なくない．

　　あ（代）｜吾｜我｜〔漢語，我ト暗合．朝鮮ノ古語ニモあト云フトゾ〕自構
　　　ノ代名詞，多クハ，あれ，われト云フ．（下略）

　　ね・コ（名）｜貓｜猫｜〔ねこまノ下略．寐高麗ノ義ナドニテ，韓國渡來ノ
　　　モノカ．上略シテ，こまト云ヒシガ如シ．或ハ云，寐子ノ義，まハ助語ナ
　　　リト．或ハ如虎ノ音轉リ卜云フハ，アラジ．又，たたけ（家狸）卜混ズル
　　　ハ，非ナリ〕（下略）

これは，日本語はそれ自体の系統が明らかになっていないので，それ以上遡ることのできない語源を突き止めることはむずかしいからである．そのため，ある

語についてできるだけ古い意味と形式にさかのぼり，その意味・形態・用法など
の変遷を記述することがある．これを語誌と呼ぶ．語誌はいわば言葉の履歴書で
ある．

7.3.1 語源・語誌

　語源をうたう辞典も項目ごとの記述では慎重を期して語誌にとどめているもの
が多い．そのなかで大野ほか『岩波古語辞典』は積極的に語源の記述を行う．

　　あに【豈】〔副〕《打消・反語と呼応する．朝鮮語の打消の副詞 ani と同源で
　　あろう》①決して．（下略）

　　あな【己】《オノ（己）の母音交替形．アナガチニのアナに同じ》自分．日
　　本書紀神代巻に，「大己貴」を「於褒婀娜武智（おほあなむち）」と訓注し
　　ており，「己」をアナと訓む．母音アが脱落するとナ（我）となる．▽朝
　　鮮語 na（己）と同源．

　また，「あり（有・在）」の項末には「アリは語形上，アレ（生）・アラハレ（現）
などと関係があり，それらと共通な ar という語根を持つ．ar は出生・出現を意
味する語根．日本人の物の考え方では物の存在することを，成り出でる，出現す
るという意味で把える傾向が古代にさかのぼるほど強いので，アリの語根も，そ
の ar であろうと考えられ，朝鮮語の al（卵）という語と，これは関係があるか
と思われる．朝鮮語の名詞で日本語に入って動詞として使われている例としては，
朝鮮語 ip（口）→日本語 ipu（言フの古形）などいくつもある．」といった朝鮮
語との関係を詳細に記す．

　これに対して，大型辞典『日国（2）』では，語釈のあとに語誌欄がある．

　　語誌(1) 鎌倉時代以前には，人か物事かに関わらず，存在を表わすために「あ
　　り」が用いられた．敬語形としては，尊敬語の「おはす」「いますがり」「ご
　　ざる」，謙譲語の「はべり」「候」等が用いられ，時代・文献によって変遷が
　　ある．(2)「ゐる」は動作・変化を表わす動詞で，「ゐたり」「ゐたまへり」等
　　の形式で副次的に存在・滞在の意味を表わしたにすぎない．(3) 室町時代，
　　抄物・キリシタン資料で「いる（ゐる）」が単独で存在動詞として用いられ
　　る用法が見え始め，人間を主語とする場合，「ある」と共用されるようになな
　　った．((4)〜(5) は略)

　語誌欄では，語源を記さず，時代ごとの用法の変遷をたどろうとしている．語

源については，別途，語源説欄を設けて対応する．語源説は，どの説が妥当かを判断せず，列挙する方式をとっている．

　　語源説 (1) ナル（生）の転アル（生）〔日本釈名・国語本義・和訓栞〕．(2) アは補助音として語頭に加わったもので，ルが本義を表わす〔国語の語根とその分類＝大島正健〕．(3) ナシ（無）の反対で，口を閉じる音ナに対しアは口を大きく開く音で表わす〔国語溯原＝大矢透〕．(4) 明から出た語．暗いと何も見えないので無いのと同じで，明るければみな存在が目に見えるから〔和句解〕．（下略）

　前田『日本語源大辞典』も方針は『日国 (2)』と同様に語源説の当否を判断するまで踏み込んではいない．個人の著作では，杉本『語源海』があり，近世，近代の語に記述の特色をもつ．また，大型辞典ではかえって軽視されがちな現代語の来歴が小型辞典に簡潔に記されることもある．小型辞書の語源情報でも下線部のように，原語と補足情報との両方を記す例はめずらしくない．

　　ゴロ 名 [ᵑ⁷ grounder から] 野球で，地面をころがっていく打球． 参考 擬声語の「ごろごろ」を連想した造語とも． 『新選 (9)』

　現代の話し言葉のなかには，すでに語源不詳となっている語も少なくない．

7.3.2　清濁と連声

『岩波 (8)』の「着替え・着替える」には次のような記述がある．

　　きがえ【着替え】(1) 着がえるために用意した衣類．(2) 着がえること．▽ (2) は「きかえる」が「きがえる」に変化したために出てきた語義．

　　きが-える【着替える】《下一他》着ている衣類をぬいで他のに替える．「パジャマに―」▽もと「きかえる」．名詞形「きがえ」(1) に引きずられての変化か．

　名詞で，モノがコトの意味を獲得したこと，動詞で「きかえる→きがえる」の変化が起こったのは，名詞に引かれて濁音が現れた，ということである．

　このような清濁の変化は多く「連濁のゆれ」として観察されることがある．連濁とは，日本語で，XとYが結合して語が複合するとき，Yの語頭が濁音化することである．連濁は外来語でほとんど起こらない（雨ガッパ・いろはガルタなどは例外），Yがもともと濁音を含む（なわばしごは例外）など，いくつかの規則は認められるが，例外も多い．現代語ではこうした音変化の規則がゆるみ，語

表3　現代国語辞典10種における連濁の扱い

	GG	GR	GS	I	MK	O	RS	SK	SM	SS
奥	ブ	フ	フ/ブ	ブ	フ/ブ	フ/ブ	ブ/フ	フ/ブ	ブ/フ	ブ/フ
返り	ザ^N	ザ^N	ザ	ザ	ザ^N　ザ^V	ザ	ザ	ザ^N	ザ^N ?^V	ザ ?^V
河川	シ	シ/ジ	シ/ジ	シ	シ/ジ	シ/ジ	ジ	ジ/シ	シ/ジ	シ
凍え	ジ^N	ジ^N ?^V	ジ^N	—	シ　シ^V	ジ^N	シ	ジ^N シ/ジ^V	ジ^N ?^V	ジ^N

GG：学研現代新 (6)，GR：現国例 (5)，GS：三現新 (6)，I：岩波 (8)，MK：明鏡 (2)，O：旺文社 (11)，RS：例解新 (9)，SK：三国 (7)，SM：新明解 (7)，SS：新選 (9).

彙的に確認していく作業が求められるようになった.

　小型国語辞典での状況を確認するため，『NHK 日本語発音アクセント辞典』改訂過程の議論と検証の記録（第1372回放送用語委員会 (2013.9) 記録）から，「奥深い・返り咲く・河川敷・凍え死ぬ」の4語を取り上げる．なお，表の片仮名は後部分の最初の音節，‘/’ の左側が見出しの音，右側が言いかえ形（または「～とも」などなんらかの形式で認められた音）を表す．右肩のNは見出し語の名詞形，Vは見出し語の動詞形で，付加的に語形だけを示したもの，？は読み仮名がなく，清濁不明なことを表す.

　表3でわかるように，それぞれの語で，清濁のゆれを容認するかしないかは個別的な判断がなされている．また，「返り咲き」の動詞形「返り咲く」を認めても，漢字表記のみの場合は清濁を確定しがたい（名詞に準じて濁音か）場合もある．「凍え死に／凍え死ぬ」のように，名詞を認めて動詞を認めないという判断の辞典が多い，といったことも見えてくる.

　太田 (2010) によれば，先の「凍え死に／凍え死ぬ」は，すでに『日葡辞書』（1603～1604）で「コゴエシニ/コゴエジニ」の両形が見えるが，現在に至るまで圧倒的に「コゴエジニ」が優勢である．一方，動詞「凍え死ぬ」が辞典に見えるのは1924年の『スタンダード和英大辞典』だが，清濁は不明，1972～1976年の『日国 (1)』で「コゴエシヌ」の読みが見える．『NHK 発音アクセント辞典』では1985年版に「コゴエシヌ」がようやく見える．「コゴエジヌ」と連濁で見えるのは2008年『広辞苑 (6)』という状況である．複合動詞↔複合名詞のような品詞性の変化に清濁のちがいが見られることも注意しておきたい.

　漢字によって読みが隠れるのは連声でも同様である．連声とは「三位一体」のように「三」の音節末尾 [m] に「位」の母音 [i] が続くことで音変化が起

表4 現代国語辞典 10 種における連声の扱い

	GG	GR	GS	I	MK	O	RS	SK	SM	SS
恩愛	ア/ナ	ア/ナ	ア/ナ	ア/ナ	ア/ナ	ア/ナ	—	ア/ナ	ア/ナ	ア/ナ
陰陽師	ミョ	ヨ/ミョ	ミョ/ヨ	ミョ/ヨ	ヨ/ミョ	ヨ/ミョ	ミョ/ヨ	ミョ/ヨ	ミョ	ヨ/ミョ
感応	ノ/オ	ノ/オ	ノ	ノ/オ	ノ/オ	ノ/オ	ノ	ノ	ノ/オ	ノ/オ

（略称・記号は表3参照）

こり，「サンミ」となる現象である．「サンイ」と連声しないときはランクを指し
て別語となる．現在は「安穏・因縁・云々・観音・天皇・反応・輪廻」などの語
で見られるが，一部にはゆれも見られる．清濁と同様に小型辞典で「恩愛・陰陽
師・感応」で確認しよう．表中の片仮名は，「オン **ア/ナ** イ」のように注目する
音節で，主たる見出しに立つのが左，参照見出しや注記扱いになるものが右とす
る．

　表4で見ると，「オンアイ」「カンノウ」はほぼすべての辞典で主たる読み方と
され，「オンミョウジ」「オンヨウジ」はゆれている，といえる．

　「剣幕」は漢字表記で見えなくなっているが，ケンマクは「険悪」の連声から
とされる．現代では「銀杏・屈託（屈惑から）・雪隠」なども連声によると意識
するのは少数派だろう．「万葉集」と発音する層も少なくなっている．

7.3.3 位相・文体・語感

　位相とは，同じことを表現するときに，主体，様式，場などの違いで現れ方が
異なることをいう．具体的には，地域，性差，年代，職業，公私，口頭語，文章
語など多様である．これを広く文体的特徴としてとらえることができる．

　池上嘉彦（1975）は語の文体的価値を「(1)「歴史的」な次元に関して，廃語・
古語・新語．(2)「地域的」な次元に関して，方言・外来語．(3)「社会的」な次
元に関して，海員用語・医学用語など．(4)「機能的」な次元に関して，文語（雅
語）・詩語・口語・俗語．」とする．このうち，(3) は専門語と重なる（7.2節参照）
ので割愛し，小型辞典の実態を中心にとりあげる．(1) では古語は古語辞典，新
語は新語辞典がカバーするので，国語辞典では限定的になる．(2) の方言も，一
般には共通語中心なので，関西方言が対比的に取り上げられることはあるが，や
はり限定的である．ただし，『例解新 (9)』の以下の例のように，「気づかない方
言」を特色として打ち出す例はある．

えら・い【偉い】(略) 方言(1) 中部・近畿・中国・四国などでは「今日の
仕事はえらかった」のように，「疲れる」の意味でも使う．(略)

一方，池上の (4) に関する情報は小型辞典に情報が多く，通常，語釈の前後
に「かたい，やわらかい，くだけた，あらたまった，ぞんざいな」といった語感
を生む背景が注記される．和語と漢語では漢語が抽象的になりやすいが，文体差
は必ずしも語種に依存しない．宮島 (1988) は，「「命令」をくだす主体は公的
なたちばにあるのが普通だが，私的なこともある．「習慣」の主体も，社会か個
人か，両方可能である．これらの単語よりも文章語的な「指令」「慣習」は，主
体が私的な個人であるつぎのような例では，つかいにくい．」と指摘する．これ
を『現代新国語 (6)』では次のように扱う（用例は略）．

しゅうかん【習慣】(名) 同じことが長い間繰り返しおこなわれて，しぜん
にきまりのようになったことがら．(略) 類 慣習・風習 (略)

比較 ［習慣］社会生活上のことのほか，多く，個人的なことについて使う．
［慣習］その社会全体で決められ，定着したもの．

類義語の記述ではあるが，公私の別が注記されているといえよう．このような
公私の対立のほかにも，自称，対称については，『岩波 (8)』が詳述する．

あなた (代)【〈貴方〉】相手を尊重して（最近の用法では，見下すほどでなく）
指す語．▽ (略) 近ごろ敬意が低くなり，「―様」も口頭ではほとんど使
わない．夫婦間で妻が夫を「あなた」と呼び，夫が妻を「おまえ」と呼ぶ
言い方は減っている．（表記は略）．

わたくし【私】① (代) 自分を指す語．「わたし」よりかなり丁寧な言い方．
▽男も女も使う．(略)

わたし【私】(代) 自分を指す語．「わたくし」(1) よりはくだけた言い方．
▽男はやや改まった時に使い，女は場面の区別なく広く使う．(略)

このほか，「わたしたち」には「文章語として一般化したのは第二次大戦後」
としたり，「あたし」のさらにくだけた形「あたい」には「「あたし」の代わりに，
男女とも小さな子や，はすっぱな娘が言う語」とかなり具体的だが，いずれも使
用の主体と場面についての情報を加えようとしている．

また，「あさぼらけ」のような古めかしい語感をもつ語は次のとおりである．

A 〔雅〕夜明け．あけぼの．   『三国 (7)』

B 「夜明け」の意の古風な表現．   『新明解 (7)』

C 〔文章語〕[「あさおぼろあけ」の変化] 明けがた. 夜明け. あけぼの.

『新選 (9)』

どのようなラベルをつけるかは辞典によって判断が異なるわけだが，C では「我が輩」を 参考 古風で尊大な言い方. 今はふざけた場合にしか使わない.」のようにとらえ，「文章語」と「古風」は別概念とし，「雅語」とはしない.

『三国 (7)』では凡例で，「〔文〕文章語. 文章などでよく使われ，話しことばではあまり使われないことば」，「〔雅〕雅語. 短歌・俳句・歌詞などで使われるみやびやかなことばや，詩的なおもむきのあることば」，「〔古風〕年配者の話しことばや，時代劇・小説・落語などに出てくる古めかしいことば」「〔話〕話しことば. 会話でよく使われることば」，「〔俗〕俗語. 改まった場，報道などでは使いにくいことば」と分類する.

中村明が『日本語語感の辞典』のまえがきで「典型的な例では，意味と語感とが明確に区別できるように見える. しかし，実際の境界線はそう単純ではない」と述べるとおり，文体，語感の判定は，最終的に編者の言語感覚に拠るところが大きい.

7.3.4　字音の種類

たとえば，「重複」を辞典で引こうとすると，「ジュウフク」からでも「チョウフク」からでも引くことができる.「重」の呉音「ヂュウ（＝ジュウ）」と，漢音「チョウ」があり，語形としていずれも現代語として使用されるからである.『新選 (9)』の「ジュウフク」には 参考 「重復」と書くのはあやまり.「ちょうふく」が本来の言い方で，「じゅうふく」は比較的新しい形.」とみえる. 複数の音読みが存在する語は，主と従を決めて両形が掲載される.

また，「神通力」は，『新明解 (7)』で「神通（ジンズウ）」の子項目にあり，「ジンツウリキ」自体は立項されていない.「ジンズウリキ」の解説には，「「じんつう」は，「通力（ツウリキ）」などへの連想に支えられた，文字読み（7.4 節参照）による新語形」とあり，「ジンツウリキ」の語形は認めないという判断になるのだろう. 同書では「かくはん【攪拌】」に「「こうはん」の文字読みに基づく新語形」と記すが，本来の読みである「こうはん【攪拌】」は参照見出し扱いなので，「かくはん」を主としている.

よく知られた漢字の音読みに関する誤用として，「病 <ruby>膏肓<rt>やまい</rt></ruby>に入る」をコウモウ

ではなく，コウコウが正しいとする例がある．「肯」は漢音で「クワウ＝コウ」であるから，そのとおりである．しかし，「盲」と字形が似ていることから，「モウ」と類推して読んだ音と考えられている．こうした誤用に発する俗用も，現代語として通行する場合，できるだけ辞典では掲出するようにしている．正式の字音ではない読みを広く慣用音と呼んで解説に加えられる．

▶慣用音がおもに広がった語例（下線部が正式）

刺客（シカク←セッカク）　識語（シキゴ←シゴ）　情緒（ジョウチョ←ジョウショ）　消耗（ショウモウ←ショウコウ）　堪能（タンノウ←カンノウ）　偸盗（チュウトウ←トウトウ）　捏造（ネツゾウ←デツゾウ）　稟議（リンギ←ヒンギ）　漏洩（ロウエイ←ロウセツ）　など．

▶同義で二つの字音が併存する語例

遺言（イゴン_{法律で}・ユイゴン）　異名（イメイ・イミョウ）　固執（コシツ・コシュウ）　口腔（コウクウ・コウコウ_{医学で}）　早急（サッキュウ・ソウキュウ）　書籍（ショジャク・ショセキ）　図画（ズガ・トガ_{法律で}）　発議（ハツギ・ホツギ）　発足（ハッソク・ホッソク）　便覧（ビンラン・ベンラン）　礼拝（ライハイ_{仏教で}・レイハイ_{キリスト教などで}）　など．

▶同字で読みが替わると別語になる例

開眼（カイガン・カイゲン）　工夫（クフウ・コウフ）　経典（キョウテン・ケイテン）　作文（サクブン・サクモン）　正体（ショウタイ・セイタイ）　人間（ジンカン・ニンゲン）　心中（シンジュウ・シンチュウ）　大家（タイカ・タイケ）　評定（ヒョウジョウ・ヒョウテイ）　分別（フンベツ・ブンベツ）　変化（ヘンカ・ヘンゲ）　利益（リエキ・リヤク）　など．

これらは関連項目として，相互参照となっている辞典が多い．

7.4　解説の用語と表示

　辞典が解説を行う際に，辞典特有の言い方がある．また，特有とまではいえないにしても，しばしば好まれる語がある．それらを以下にまとめる．

　解説をつけたい語を見出しにすることを「立項（する）」といい，解説はつけないが，語の存在を認定したり，別の箇所に解説をゆずる見出しを「空見出し」という．別項目の解説を参照させることは「送る」という．見出し語を含む複合語や派生語を新しい見出しとして立てずに，なかに繰り込む場合，それを「子項

目」と呼び，もとの見出しを「親項目」と呼ぶ．見出し語が多義である場合，枝分かれさせる意味で「ブランチを分ける」といい，新しく語義を加えるときに「ブランチを立てる」という．

解説の補強として用例を示すが，その用例に再度言及するときには「挙例（＝挙げてある例）」という．補注や参考欄で「挙例のように…」などと用いる．紙媒体の辞典は，スペースの節約が編集上の重要な仕事となるが，用例部分で当該語を'—'で置きかえることが多い．これを「代行」という．小型辞典の多くは代行表示を採用するが，『日国（2）』は代行表示をしないのが特徴である．

語の漢字表記の解説で，漢字施策の影響や，もともとが難字であるため別字を選択した表記（例：銓衡⇒選考，輿論⇒世論など）を「代用表記」という．また，『新明解（7）』には「文字読み」という用語を使うが，「漢語表記の正しい読み方を知らない人が個々の漢字に引かれて誤読すること．「好事家」を「こうじか」，「遂行」を「ついこう」，「猛者」を「もうしゃ」，Chopin（人名，ショパン）を「チョピン」と読んだりするなど．」と定義する．必ずしも一般に知られているわけではないが，誤用や変化の説明には便利な語である． ［木村義之］

参考文献

辞書

大槻文彦（1889～1891）『言海』大槻文彦

大槻文彦（1932～1935）『大言海』冨山房

落合直文・芳賀矢一（1921～1929）『日本大辞典 言泉』

新村 出（1955）『広辞苑 初版』岩波書店

国立国語研究所（1964）『分類語彙表』秀英出版

大野 晋・佐竹昭広・前田金五郎（1974）『岩波古語辞典』岩波書店

松村 明（1988）『大辞林 初版』三省堂

松村 明（1995）『大辞泉 初版』小学館

山田俊雄・白藤礼幸・築島 裕・奥田 勲（2000）『新潮現代国語辞典 第2版』新潮社

柴田 武・山田 進（2002）『類語大辞典』講談社

山口 翼（2003）『日本語大シソーラス―類語検索大辞典』大修館書店

松井栄一（2004）『小学館日本語新辞典』小学館

国立国語研究所（2004）『分類語彙表 増補改訂版』大日本図書

中村 明・森田良行・芳賀 綏（2005）『三省堂類語新辞典』三省堂

杉本つとむ（2005）『語源海』東京書籍

前田富祺（2005）『日本語源大辞典』小学館

中村 明（2010）『日本語語感の辞典』岩波書店

北原保雄（2010）『明鏡国語辞典　第 2 版』大修館書店

金田一京助・大石初太郎・野村雅昭・佐伯梅友（2011）『新選国語辞典　第 9 版』小学館

山田忠雄・柴田　武・酒井憲二・倉持保男・山田明雄・上野善道・井島正博・笹原宏之（2011）
　　『新明解国語辞典　第 7 版』三省堂

森岡健二・徳川宗賢・川端善明・中村　明・星野晃一（2012）『集英社国語辞典　第 3 版』集英
　　社

見坊豪紀・市川　孝・飛田良文・山崎　誠・飯間浩明・塩田雄大（2013）『三省堂国語辞典　第
　　7 版』三省堂

山口明穂・和田利政・池田和臣（2013）『旺文社国語辞典　第 11 版』旺文社

林　四郎・篠崎晃一・相澤正夫・大島資生（2015）『例解新国語辞典　第 9 版』三省堂

林　巨樹・松井栄一（2016）『現代国語例解辞典　第 5 版』小学館

金田一春彦・金田一秀穂（2017）『学研現代新国語辞典　第 6 版』学研

小野正弘・市川　孝・見坊豪紀・飯間浩明・中里理子・鳴海伸一・関口祐未（2018）『三省堂現
　　代新国語辞典　第 6 版』三省堂

西尾　実・岩淵悦太郎・水谷静夫・柏野和佳子・星野和子・丸山直子（2019）『岩波国語辞典
　　第 8 版』岩波書店

研究書・論文

林　大（1957）「語彙」『講座現代国語学 II』筑摩書房

池上嘉彦（1975）『意味論』大修館書店

見坊豪紀（1976）『辞書をつくる―現代の日本語』玉川選書

宮島達夫（1981）「単語の文体と意味」『国語学』154

倉島節尚（1995）『辞書は生きている―国語辞典の最前線』ほるぷ出版

山崎　誠・小沼　悦（2003）「『分類語彙表』増補改訂版について」『国語研の窓』15

太田眞希恵（2010.12）「若者に多い「ワカシラガ」，高年層に残る「ワカジラガ」～語形のゆれ
　　に関する調査（平成 22 年 2 月）から①～」『放送研究と調査』

放送用語委員会（2014.3）「ことばの読み・語形のゆれについて～『NHK 日本語発音アクセント
　　辞典』改訂にあたって（意見交換）～」『放送研究と調査』

8 国語辞典の用例と出典

第8章と第9章では，複数種の小型国語辞典を中心に用いて進める．ただし，個々の国語辞典での対応や扱いには類するものもあり，すべてを示すことがかなわないため，任意の一書で代表させた場合もある．

8.1 用　　例

8.1.1 引用と作例

見出し語に対して，語義の解説だけでは見出し語の内容を明確に伝えがたいことが多くある．そこで，用例を挙げることで，当該語の実際の用い方などを端的に示すことができる．松井（2005）では用例をつけることによる効用を五つに分けている．

・その語の存在を確実に証明する．
・その語の使われた時代を示す．
・その語の意味の理解を助ける．
・その語の用法を教える．
・その語の発音に関する一つの資料となる．

また，倉島（2008）では，「語義分析のための用例」と「辞書に記載される用例（存在例，初出例，典型的使用例，記述を補強する用例)」に分ける．辞書を編集するための用例と，辞書に収載されてその用法を示す用例といえよう．そして，「中型辞典以上の規模のものでは，実証的な立場に立って近現代語にも現実に使用された出典のある用例を載せる，という方針をとる傾向が強まることと思う．」と引用についてふれながらも，「日常机辺で使う現代語中心の小型辞典では，その語がどう使われたかということよりも，どう使えるかという情報の提供を優先すべきである．」とする．紙幅も限られるなかで，適切にそのものを明確に示すために作例を行うことの意義を見出すことができる．

　用例は小型辞典を中心に確認すると，編著者による作例が多くを占めている．たとえば，使用者が文章や手紙を書いたりする際，実際に役立つように，どのように用いるのかといったことに意識が向けられている．

　それに対して，中型辞典の『大辞林　第4版』(2019)，『広辞苑　第7版』(2018)，『大辞泉　第2版』(2012) や，大型辞典の『日本国語大辞典　第2版』(2000～2002) では文章を書き表すということも含めるべきではあるが，とくに大型辞典は研究に耐えうる情報を示すために，使用された時代，文献，また著者などの情報が積極的に示されている．これらの情報から言葉そのものの初出に近い時期を確認することができ，さらに多義にわたる際にはいずれの用法がいつの時代に，どのような文献に収録されているのかを大きな枠組で把握することができる．

8.1.2　用例の示し方

　用例の示し方もそれぞれの国語辞書でさまざまな方法がとられている．『集英社国語辞典　第3版』(2012) の「凡例」「語義解説」では「全体として，解説を簡潔に，用例を豊富にという方針で記述した．」とあり，用例によって語義の解説を補完する方針が示される．

　『岩波国語辞典　第8版』(2019) の「見る」を例に挙げると，六つに分けて語義の解説を行い，その一つ目では「視覚を働かして，ものの存在・形・様子・内容をとらえる．目で認める．」としたうえで，「―からに強そうだ」「めがねを掛けてよく―」「野球を―」「―と聞くとは大違い」「**み**たところ（では）何ともない」「**み**たか，どうだ」「それ**み**たことか」（警告を与えたのに無視して失敗した場合などに言う表現）「本館の落成を―（＝まのあたりにする）」「前例を**み**ない（前例が無い）大事件」と豊富な用例を示している．

　また，「同じ」については（「同じく」「同じい」にもふれる），「―日の夜」「姉と弟の身長が―になった」「私見も君と―だ」「あいつの境遇も―（の）はず」（以下略）を示す．

　大型辞典の『日本国語大辞典　第2版』(2000～2002) では，「同じ」について，『万葉集』(8世紀後)，『古今和歌集』(905～914)，『竹取物語』(9世紀末～10世紀初)，『土左日記』(935頃) といった古典作品の用例から始まる．『万葉集』についても数例を挙げる．たとえば，一つ目の語義の解説の用例の一つに，大伴家持「あしひきの山は無くもが月見れば於奈自伎（オナジキ）里を心隔てつ」(4076

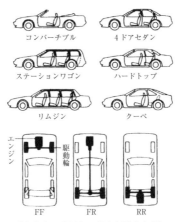

〔自動車・乗用車の型式と駆動方式〕

図1 「じどうしゃ(自動車)」の図版(『集英社
国語辞典　第3版』(2012))

番歌)と全体を引いている．また，二つ目の語義の解説の用例にも『万葉集』か
ら狭野弟上娘子「君がむた行かましものを於奈自(オナジ)こと後れて居れどよ
き事もなし」(3773番歌)を挙げる．一つ目の語義は「一つのものが不変である．
(以下，略)」，二つ目の語義は「二つ以上の物事が共通性を持っている．(以下，略)」
と，それぞれの意味の異なりが確認できる．引用による用例から実際に使われて
いた時代がわかるとともに，当時の意味や用法といった情報もあわせもつことが
できる．

　小型辞典と大型辞典では，それぞれに用例そのものを示すことで，語義の解説
だけではつくしがたい点を補完している．

　具体的な事象など，語義の解説や用例では説明し難いものもある．そのような
見出し語には，図版や図表が用いられている．その扱いについてはそれぞれに異
なりがあるものの，『集英社国語辞典　第3版』(2012)では，図版・図表843点
を挙げ(図1)，柔道のおもな技(30種)を図版にしたり，犬のおもな種類を図
表にしたり，また牛肉の部位の名称を対照させたりもしている．そして，巻末に
「図版・図表索引」を載せ，百科事典的な性格もあわせもたせている．また，『三
省堂現代新国語辞典　第6版』(2019)では，代表される図版に関連するものを複
数示してまとめることで(たとえば，「ちゃどうぐ」に「①水さし」「②茶せん」な
ど12例を挙げる)，それぞれの言葉から参照するように対応がはかられている．

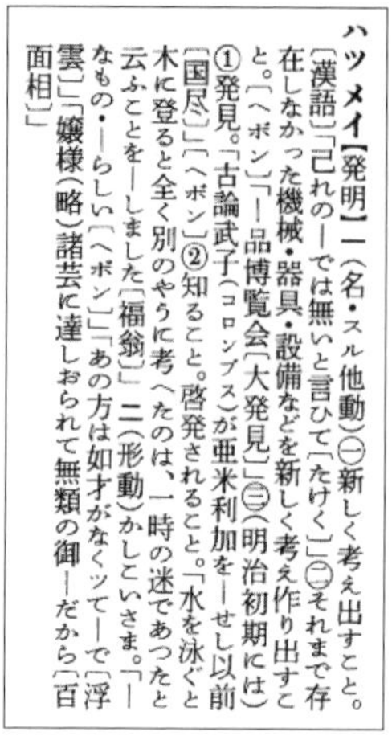
ハツメイ【発明】一（名・スル他動）㊀新しく考え出すこと。〔漢語〕「己れの一では無いと言ひて〔たけく〕」㊁それまで存在しなかった機械・器具・設備などを新しく考え作り出すこと。〔ヘボン〕「一品博覧会〔大発見〕」㊂（明治初期には）①発見。「古論武子（コロンブス）が亜米利加を一せし以前〔国尽〕」〔ヘボン〕②知ること。啓発されること。「水を泳ぐと木に登ると全く別のやうに考へたのは、一時の迷であつたと云ふことを一しました〔福翁〕」 二（形動）かしこいさま。「一なもの・一らしい〔ヘボン〕」「あの方は如才がなくッて一で〔浮雲〕」「孃様（略）諸芸に達しおられて無類の御一だから〔百面相〕」

図2 「はつめい（発明）」(『新潮現代国語辞典　第2版』(2000))

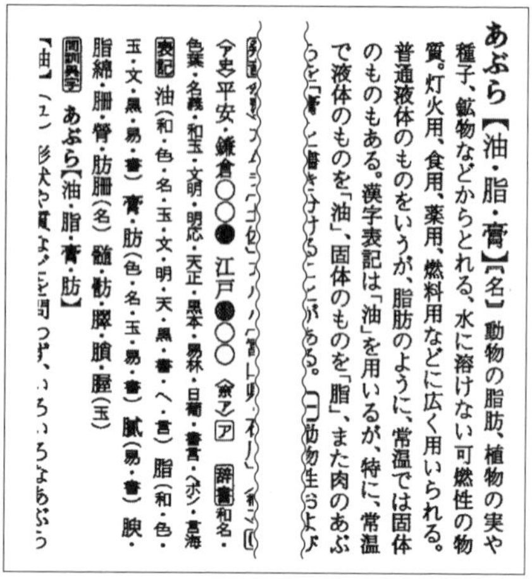
あぶら【油・脂・膏】〔名〕動物の脂肪、植物の実や種子、鉱物などからとれる、水に溶けない可燃性の物質。灯火用、食用、薬用、燃料用などに広く用いられる。普通液体のものをいうが、脂肪のように、常温では固体のものもある。漢字表記は「油」を用いるが、特に、常温で液体のものを「油」、固体のものを「脂」、また肉のあぶ
〈ア史〉平安・鎌倉○○● 江戸●○○ 〈京ア〉ア 辞書 和名・色葉・名義・和玉・文明・明応・天正・黒本・易林・日葡・書言・ヘボン・言海
表記 油（和・色・名・玉・文・明・天・黒・易・書・へ・言） 脂（和・色・玉・文・黒・易・書） 膏・肪（色・名・玉・易・書） 膩（易・書） 腴・脂綿・腼・膂・肪腼（名） 髓・脇・脚・膩・膣（玉）
同訓異字 あぶら【油・脂・膏・肪】

図3 「あぶら（油・脂・膏）」の辞書と表記の例（『日本国語大辞典　第2版』(2000～2002)）

8.2 出　　典

小型辞典のなかにも文学作品などから用例を引いたものがある.『新潮現代国語辞典　第2版』(2000) では，凡例によると「原則として，幕末以降，昭和20年までの文献より採集したものを主とし」て掲出している.あわせてヘボンの『和英語林集成　第3版』(1886) や明治初期の漢語辞書 (『漢語解大全』『漢語便覧』(ともに1874)) を積極的に用いている．そして，実際の用例の後に作例を挙げる．当時の出典名を挙げるにとどまっているが，それでも近現代の作品を中心にその用法を確認する手立てとなる．たとえば，「はつめい (発明)」(図2) では『たけくらべ』(1896),『和英語林集成』(1886),『大発見』(1909),『世界国尽(せかいくにづくし)』(1869),『福翁自伝』(1899),『浮雲』(1887～1889),『社会百面相』(1902) といった出典を載せる (掲載順)．なお，巻末におもな出典が記されているので，対象資料について概観することができる.『集英社国語辞典　第3版』(2012) でも古語の用例には出典を示している．

また，大型辞典の『日本国語大辞典　第2版』(2000～2002) では，50万の項目に対して，100万の用例を収載している．3万余の文献から用例を収集したもので，文献名，成立年・刊行年，作者名または編者名といった情報が示されている．そして，用例の出典年代は上代から近現代におよび，ジャンルも文学をはじ

め新聞や雑誌などからも採取され，多様である．あわせて，$\boxed{辞書}$として，見出し語が平安時代から明治中期までの辞書（『新撰字鏡』『和名類聚抄』『色葉字類抄』『類聚名義抄』『下学集』『和玉篇』「節用集」（8種）『日葡辞書』『和英語林集成』（再版）『言海』）における収載状況を示している．また，$\boxed{表記}$として，どのように書き記されていたのかも確認することができる（図3）．なお，『別巻』では，100万の用例の約9割を占める文献6000点の書誌情報が掲載されている．

[木村　一]

参考文献（第8章・第9章・第19章共通）

飯間浩明（2010）三省堂ウェブサイト　ことばのコラム　国語辞典入門　http://dictionary.sanseido-publ.co.jp/columncat/ 辞典について / 国語辞典入門

飯間浩明（2013）『辞書を編む』光文社新書

沖森卓也編　木村　一・木村義之・陳　力衛・山本真吾執筆（2008）『図説　日本の辞書』おうふう

沖森卓也編　木村　一・木村義之・陳　力衛・山本真吾執筆（2017）『図説　近代日本の辞書』おうふう

沖森卓也・加藤知己・倉島節尚・牧野武則編（1996）『日本辞書辞典』おうふう

柏野和佳子・奥村　学（2014）「「コーパスベース国語辞典」構築のための「古風な語」の分析と記述」『自然言語処理』21-6

木村　一（2012）「漢和辞典と国語辞典の接点―両辞典の展開を通して―」『日本語学』10月号

倉島節尚（2008）『日本語辞書学への序章』大正大学出版会

見坊豪紀（1990）『日本語の用例採集法』南雲堂

サンキュータツオ（2013）『学校では教えてくれない！―国語辞典の遊び方―』角川学芸出版

サンキュータツオ（2015）「サンキュータツオの細かすぎる国語辞典の読み方」1～6回　http://kanjibunka.com/yomimono/rensai/yomimono-2257/

田野村忠温（2010）「日本語コーパスとコロケーション―辞書記述への応用の可能性―」『言語研究』138

西崎　亨編（1995）『日本古辞書を学ぶ人のために』世界思想社

野村雅昭編（2013）『現代日本漢語の探究』東京堂出版

飛田良文編（1988）「辞書」『日本語百科大事典』大修館書店

増井　元（2013）『辞書の仕事』岩波新書

松井栄一（2004）『「のっぺら坊」と「てるてる坊主」―現代日本語の意外な事実―』小学館

松井栄一（2005）『国語辞典はこうして作る―理想の辞書をめざして―』港の人

湯浅茂雄（2002）「語彙研究史」『朝倉日本語講座4　語彙・意味』朝倉書店

吉田金彦（1971）「辞書の歴史」『講座　国語史3　語彙史』大修館書店

⑨ 国語辞典のそのほかの情報

9.1 漢字見出し

　漢字の扱いについては，辞書ごとにさまざまな工夫が施されていて，それぞれの編集方針のもとに掲載されている．そのために単漢字辞書としての性格をもつものも多くある．『ベネッセ表現読解国語辞典』(2003) は「辞典部」などに対して「漢字部」を設ける．また，『新選国語辞典　第9版』(2011) は巻末に「漢字一覧」を載せる．『学研現代新国語辞典　第6版』(2017) では，「常用漢字小辞典」を設定し，筆順も示している．

　辞書内に漢字を示すにあたり，「やま (山)」「かわ (川)」「あい (愛)」「きく (菊)」といった単独で用いられる漢字の掲載に対して，「し (誌)」「だ (打)」「ふ (付)」「ゆ (愉)」といった単独では使用し難い漢字も存在する．それらの漢字に対して，『岩波国語辞典　第8版』(2019) などの「漢字母」や，「造語成分」といったとらえ方がある．『新選国語辞典　第9版』(2011) では，造語成分について「意味の上では単語と同じ資格をもつが，それ自体では単語となることができず，ほかの単位と結合して単語を構成するものである．」と説明し，略号で囲として示している．試みに，見出し語「こ」から囲とあるものを引くと，「故」「湖」「己」「戸」「乎」「去」「古」「呼」「固」「拠」「股」「虎」「枯」「狐」「胡」「庫」「涸」「虚」「辜」「雇」「誇」「鼓」「糊」「錮」「顧」「孤」「弧」「個」と並ぶ（一部他の略号をもつものも含める）．たとえば「雇」は用例として「雇員・雇用・解雇」を挙げる．単独で見出し語になりづらい面がある単漢字についても，国語辞典で積極的に扱うことを可能としている．

　その他にも，たとえば「合う」に加え「会う・逢う・遇う・遭う」と書き記すことができるが，辞書ごとに，語義の解説を分けたり，付加情報（9.2 節参照）などで詳細に使い分けを示したりしている（図1）．

使い分け 「会う・遭う・遇う・逢う」
「会う」は「友だちに会う」「見合いの席に立ち会う」など、人と人とが顔をあわせること、あるいは、みんなそろって集まる場合に使われる。
「遭う」は「交通事故に遭う」「海で暴風に遭う」「にわか雨に遭う」など、災難や事件など思いがけないことに偶然出あう場合に使われる。
「遇う」は、ふと思いがけなく出あう意で、「偶然に遇う」「幸運に遇う」などと使われる。
「逢う」は、歩いて行ってあう意で、「恋人と駅前で逢う」「巡り逢う」などと使われる。

尊敬語	謙譲語	丁寧語
お会いになる 会われる	お目にかかる お会いする	会います

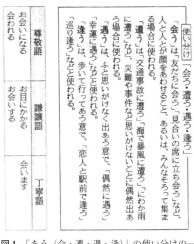

図1 「あう（会・遭・遇・逢）」の使い分けの一例（敬語も整理される）（『旺文社国語辞典　第11版』(2013)）

まさか①（副）〔「まさ」は、「まさしく・まさに」の語根と同義。「か」は接辞〕あるはずがないと確信している事が、意外にも実現△した場合を想定する（して信じられないことだと思う）様子。表記「真逆」と書くこともある。文法 一般に、否定的な内容の表現を伴ったり 含意したり して用いられる。運用 感動詞的に用いて、相手の発言内容に驚いたり 疑いをいだいたり するときの言い方となる。例、「『佐藤さんを次期専務に推す声があるんですよ』『まさか』」
―のとき①-②【―の時】万一の場合。「―の備えとする/―の友は真の友」

図2 「まさか」の付加情報（『新明解国語辞典　第8版』(2020)）

語種という観点からは，『ベネッセ表現読解国語辞典』(2003) では「見出し語と異なる語種の場合に限り，同義語として認めた．」として，語種を変えることで説明を行っている．見出し語「市井」に，㊊(和語)「町中（まちなか)」を挙げる．他にも「時節」では二つ目の語義解説の後に，類▶(類義語)「時節」に加え，㊇(外来語)「チャンス」とする．「鎮める」には（語義の解説は分かれるが）それぞれ㊦(漢語)「鎮定する」「鎮静する」を載せる．

また，『新潮現代国語辞典　第2版』(2000) では，見出し語は，和語は平仮名，漢語と外来語は片仮名で示している．漢語と外来語の区別は，漢字表記もしくは母語名（漢語を除く）と原語を示すことで判断が可能となっている．

9.2 付加情報

9.2.1 文体の情報

付加情報は語義の解説に記されるものもあり，掲載方法にはさまざまなアイデアが盛り込まれている．そのために表示方法やその分類や種類も辞書ごとに多様である．特徴的な表示を挙げると，『明鏡国語辞典　第3版』(2021) では書き方・書き分け・使い方・語源・注意・読み分け・数・品格 など，『新明解国語辞典　第8版』(2020) では表記・文法・運用（図2），『ベネッセ表現読解国語

辞典』（2003）では 用法 ・ 由来 ・ 表記 ・ 参考 をはじめ9種類で示す．『旺文社国語辞典　第11版』（2013）でも 類語 ・ 表現 をはじめ 語源 では語史や語構成も扱う．

書き言葉

多くの辞書では古語の表示を行っているが，その基準は一様ではなく，それぞれの編集方針が反映されているため留意が必要である．また，古語として扱わないまでも，改まった場面などで用いられる言葉であることを示す辞書もある．

たとえば，『新選国語辞典　第9版』（2011）では「いたずら（悪戯）」の追い込み項目の「いたずら＋に」に 文章語 の情報を与えている．

『三省堂国語辞典　第7版』（2014）では10種類の文体の略号を示す．たとえば，〔文〕（文章語）「ていかん（諦観）」「ぶんぴつ（文筆）」，〔雅〕（雅語）「かわず」「さとびと（里人）」を挙げる．〔文〕（文章語）については「文章などでよく使われ，話しことばではあまり使われないことばです．」とし，「〔文〕〔雅〕〔古風〕は，古語ではありません．あくまでも，現代の文章や会話などのなかに見いだすことのできることば，つまり現代語の一部です．」とする．〔文〕（文章語）について「しゅく」で始まる見出し語には，「しゅくけい（粛啓）」）「しゅくこん（祝婚）」「しゅくすい（宿酔）」「しゅくん（主君）」など24語が載る．

話し言葉

前出の『三省堂国語辞典　第7版』（2014）では，そのほかにも，〔話〕（話し言葉）「ちっ」「よ」（感動詞），〔俗〕（俗語）「じゅくべん（塾弁）」「ぼったっくり」，他にも〔男〕（男性語）「おい」「おれ（俺）」，〔女〕（女性語）「のよ」「わね」，〔児〕（児童語）「おてて」「ちちんぷいぷい」，〔学〕（学生語）「あかてん（赤点）」「ぶつ（物）」（物理のこと），〔方〕（方言）「あかん」（関西方言）「こら」（もと，鹿児島方言で「もし（もし）の意」）と略号で示している（一部他の略号も示す）．〔古風〕「チョッキ」「ぶどうしゅ（葡萄酒）」（追い込み項目）などとし，「年配者の話しことばや，時代劇・小説・落語などに出てくる古めかしいことばです．」と説明している．

『旺文社標準国語辞典　第8版』（2020）では「ことばの移り変わり」として，言葉の意味の変化や新語の成立など（たとえば「『よるごはん』のできるまで」）を解説している．

格関係による文型

文型の情報を詳細に示す辞書もある．『ベネッセ表現読解国語辞典』（2003）は基本動詞について文型情報を挙げている（図3）．

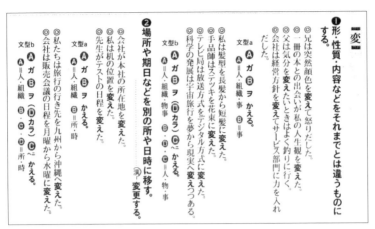

図3 「かえる（変・代・替・換）」（「変える」のみを示す）（『ベネッセ表現読解国語辞典』(2003)）

　また，『新明解国語辞典　第8版』(2020) では格助詞「ヲ・ニ・デ・ト・カラ・マデ」，前接する名詞として「だれ・なに・どこ・なんだ」を設定している．「かえる」を例に示すと，「代える」は〈なに・だれヲなに・だれニ―／なに・だれヲなに・だれト―〉（他略）と，「変える」〈（なにカラ）なにニなにヲ－〉との異なりを確認できる．

　『旺文社標準国語辞典　第8版』(2020) では「仕組みの解明」として，たとえば「近い」では「駅に近い」「駅から近い」「駅と近い」について，助詞の意味・用法をまじえて解説している．

9.2.2　語の運用に関する情報
誤用か正用か

　辞書を引く動機として，目にしたあるいは耳にした言葉の意味を明らかにしたい，漢字表記を知りたいといったことに加えて，正誤の確認もあろう．ただし，その方針は個々に異なる．

　「的を射る」に対して，「当を得る」を正用として「的を得る」を誤用とするものが多くあるが，『三省堂国語辞典　第7版』(2014) では「まと（的）」のなかに双方を挙げている．誤用と思われる用法までも実際に用いられることを重視して積極的に掲載している．

　また，「なしくずし（済し崩し）」は，「借金を少しずつ返済すること」とする

本来の意味に加え，「少しずつ処理する」といった意味が生じている．さらに，『新明解国語辞典　第8版』(2020) では「借金」と「処理」にかかわる語義の解説を一つ目としてまとめ，二つ目に「事実を積み重ねて，そのことが既に決定されたこととして成り立たせてしまうこと．「法改正をせずに—にする」」を挙げる．『旺文社国語辞典　第11版』(2013) の 用法 では，既存の用法に加えるかたちで「正式な手順をふまずにある事を成立させてしまう場合に用いることが多い．」と，さらに一歩踏み込んだ解説をしている．『三省堂国語辞典　第7版』(2014) では「借金」と「処理」に続いて，三つ目の語義の解説として，「ずるずると時間をかけてだめにすること．「言論の自由を—にするな」」を挙げる．また，『三省堂現代新国語辞典　第6版』(2019) では「「なし」が「無し」とまぎれた俗用で」とその理由を示している．

　意味の拡大・変容について，語義の解説と用例に反映させたものととらえることができよう．

使い分け

　類義語の違いやその使い分けを知るために辞書を引くこともあろう．それぞれの国語辞書でさまざまな独自性がみられるが，『ベネッセ表現読解国語辞典』(2003) では 語の比較 とした情報を付している見出し語がある．「じょうしき（常識）」では，「「常識」は社会人であれば当たり前のように要求される知識や判断力を指す．「良識」は，教養ある人の「常識」で，社会人として望ましい，すぐれた判断力や見識の高さを指す．」と説明を行っている（「りょうしき（良識）」も同様）．類義語としての表示に加え，実際の使用の際の疑問にこたえるものとなっている．また，『岩波国語辞典　第8版』(2019) では 関連 として，類義語・関連語を一括して挙げている．「かんじる（感じる）」には「覚える・感づく・感覚・感動・共感・ピンと来る・センス」などをはじめ49語を挙げ，類語辞書としての性格も備えている．また，囲み記事を用いるものもあり，『学研現代新国語辞典　第6版』(2017) では，「囲み記事」の一つである「使い分け」によって解説する．

待遇表現

　普通語に対して尊敬語・謙譲語・丁寧語を示すもの（図1），敬称の使い分けを表すもの，二重尊敬を挙げるもの，謙譲語（謙譲語Ⅰ）と丁重語（謙譲語Ⅱ）の別を載せるもの，誤用を扱うものなど，辞書ごとに特徴がある．

　「なさい」を例にとると，「なさる」で扱う辞書もある一方，命令形の「なさい」を独立させてさまざまな記述を行う辞書もある．そのうちの『明鏡国語辞典　第3版』(2021) では使い方のひとつとして「「ごめんなさい」「お休み［お帰り］なさい」など，命令の意識が薄れて挨拶のみのことばとなったものもある．」としている．また，「ちょうだい（頂戴）」については，『学研現代新国語辞典　第6版』(2017) では「文末で動詞や補助動詞の命令形のように用い」るものについて（「お小遣いを—」「窓を閉めて—」），〔多く，女性や子供が使う〕とし，『旺文社国語辞典　第11版』(2013) でも「同輩以下の者などに親しみをもって用いたり，女性や子供が用いたりすることが多い．」とある．

　また，ぞんざいな表現として，相互が認識している場合，「赤いやつとって」と「やつ」を用いることがある．この点に関しては，侮蔑や親愛を込めた人やものへの用法に加え，『三省堂国語辞典　第7版』(2014) では〔俗〕（俗語）としながらも，二つ目の語義のなかに「もの．こと．「もっと大きい—はないの？・ドラマでよくある—だ」」を挙げる．また，『新潮現代国語辞典　第2版』(2000) でも形式名詞「「もの」「こと」の意．」として，『浮雲』などの用例を示す．

コロケーション

　どのような言葉と共起しやすいかといった言葉と言葉の結びつきの情報を示している．「客足が落ちる／付く／遠のく／とだえる／鈍る」といった慣用表現のほか，否定もしくは肯定と共起するのか，また能動態か受動態に関するのか，このような情報も辞書から得ることができる．たとえば，「みあたる（見当（た）る）」は多く打消の形で用いられることを記す辞書が散見される．

　また，「たいべつ（大別）」については，コーパスによる実際の使用例では受動態で用いられる比率が高いが，辞書では能動態の用例が見られることが指摘されている（田野村，2010）．

　ほかにも，『明鏡国語辞典　第3版』(2021) の連語「ずに」を例にとると，使い方のひとつとして「「…ずにはいられない」「…ずにはすまない」などは自発的，「…ずにはおかない」「…ずにはすまさない」などは他動的な事柄の生起を表す．」とある．実際の用法を語義と用例とともに理解することができる．　　［木村　一］

(参考文献は第8章参照)

⑩ 漢和辞典の見出し

10.1 見出しの字（親字）

10.1.1 親字となる字

　漢和辞典のなりたちを考えるうえで，親字（見出しの字）が何であるかを確認する必要がある．前提となるはずの漢字とは全部で何字あるのだろうか．この問題は仮名文字やローマ字などの文字体系とは大きく異なり，漢字が全部で何字あるのかは特定できない．なぜならば漢字体系とは，文字であり同時に意味を併せもつ語彙という側面を有するために，偏旁冠脚の新たな組み合わせで際限なく新しい漢字を作成できるからである．そこで，その際に言及される漢字数とは特定の漢和辞典，あるいは中国の漢字字典などでの採録親字数である．10.1.3 項で示すが，たとえば諸橋轍次『大漢和辞典』（大修館書店）が約 5 万字であるなどの数字が示されるわけである．

　ここでは漢和辞典でのこととなるので，日本での漢字を取り巻く状況がどのようであるのかを併せて考えることによって，親字のことを確認することとなる．

　図 1 に示すように，日本の現行の漢字は「常用漢字表」（もとは「当用漢字表」）がまず中心にあり，それ以外の漢字は「表外漢字」とも呼ばれるが，そのなかに「人名用漢字」が入っており，また「表外漢字」のうち日本での印刷でよく用いられるものは「常用漢字表」の漢字と同様に「表外漢字字体表」として字体が定められている．

　「常用漢字表」（旧来の「当用漢字表」）などこれらで定められた字体には，伝統的な字体ではない省略された字体になった「新字体」と，伝統的な「旧字体」という対立をもつ漢字もある（注 1）．

　新字体－旧字体の対応は，新漢字・略字・新字（注 2）－旧漢字・正字・旧字といった表現がありうるところで，「略字」や「正字」となると規範意識の弱・

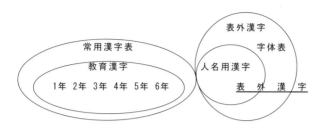

図1 日本での漢字
漢字数は明確にしないため，漢字数を示す枠線はない.

強という価値判断も読み取れる．正字の基準とされるのは中国清代の字書『康煕
字典』（清代1716年成立）である（注3）.

10.1.2 親字の範囲

そのような状況のなかで，日本での漢和辞典の親字数はどうあるべきかが各辞
典編纂時に議論され，その結果が現行漢和辞典の親字の収録字数である．たとえ
ば，常用漢字表・人名用漢字・表外漢字字体表は当然収録し，かつ国語教育や教
養としての近代文・古文・漢文で用いられる漢字を収録するなど，日本での漢和
辞書としての利便性が意識される.

そこでまず，当用漢字表・常用漢字表の改訂年次と字数を記しておく.

1946年　当用漢字表1850字

1949年　当用漢字字体表として新字体が制定される.

1981年　常用漢字表1945字（当用漢字表からの改訂）

2010年　改訂常用漢字表2136字

親字の漢和辞典での示し方は次のようなものである．ここでは図2としてかり
に架空の漢和辞典として具体的に示す．それぞれ上から親字が示してあり，総画
数，部首と部首内画数（部首部分以外の画数），教育漢字（と小学校での配当学年）
かそれ以外の常用漢字か人名用漢字か表外漢字字体表か，それ以外かを示し，
JISコードとユニコードでの番号も示されることがある（注4）.

このように示してあるのを見ると，「点」は教育漢字で小学2年生配当である．
「鬼」は常用漢字である（が教育漢字ではないので中学での学習となる）．「跨」
は人名用漢字である．「敲」は表外漢字字体表として字体が指定されている．「哥」

親字	点	鬼	跨	敲	哥
総画数	9 画	10 画	13 画	14 画	10 画
部首と部首内画数	火 5 画	鬼 0 画	足 6 画	攴 10 画	口 7 画
	教 2 年	常	人	表外	以外
JIS コード	3732	2120	2457	5842	5107
ユニコード	70B9	9B3C	8DE8	6572	54E5

図 2　親字の示し方

はそれら以外である．これらのことがわかるようになっている．

10.1.3　収録字数

収録字数は国語辞典の見出し語数と同様に，各辞典それぞれで検討して決める
ものである．

日本の最も規模の大きな漢和辞典である諸橋轍次『大漢和辞典』（全 12 巻＋索
引巻＋語彙索引巻＋補巻，大修館書店）は本編 4 万 8902 字，補巻 804 字である．

その簡易版ともいえる諸橋轍次他『広漢和辞典』（全 3 巻＋索引巻，大修館書店）
は本文の親字通し番号で 2 万 769 字である．

上記 2 点を含め，中型・小型漢和辞典の親字数をまとめると，次のとおりであ
る．本文の親字通し番号ではなく凡例の情報によった場合は「（凡例）」と示した．

『大漢和辞典』（全 15 巻）49706 字

『広漢和辞典』（全 4 巻）　20769 字

一冊形式で中型のもの

『大漢語林』　　　　　　　13938 字　　　　　　（大修館書店，1992）

『新大字典』　　　　　　　21094 字　　　　　　（講談社，1993）

『学研新漢和大字典』　　　19700 字（凡例）　（学習研究社，2005）

『角川大字源』　　　　　　12300 字　　　　　　（角川書店，1992）

『字通　普及版』　　　　　約 9600 字（凡例）　（平凡社，2014）

『新潮日本語漢字辞典』　　15375 字　　　　　　（新潮社，2007）

一冊形式で小型のもの

『角川新字源　改訂新版』　13500 字（凡例）　（角川書店，2017）

『全訳漢辞海　第 4 版』　　約 12500 字（凡例）　（三省堂，2016）

『三省堂五十音引き漢和辞典　第 2 版』　約 6400 字（凡例）（三省堂，2014）

『新明解現代漢和辞典』　およそ10700字（凡例）　（三省堂，2011）

『新漢語林　第2版』　　　14629字　　　　　（大修館書店，2011）

このように見ると，中型辞典と小型辞典の間で親字数の多寡が逆転するものも
あることがわかる．これは国語辞典と異なり，漢和辞典の場合は，分量が多くな
るポイントが，親字数だけではなく字注であったり熟語数であったりと辞典によ
って異なることを示している．

また，とくに小型漢和辞典では常用漢字表や人名漢字の改訂に併せて改訂版が
発行されるのも，日本語の漢字に即した対応といえる．

10.2　親字の配列

10.2.1　部首順と五十音順

国語辞典の見出し語は五十音順を基本とするのに対して，漢和辞典の親字の配
列は部首順を基本とするといえるが，現行の漢和辞典の配列には五十音順のもの
もある．

そして，ひとつの漢和辞典のなかに，調べたい漢字を探すための次のような索
引が複数用意されている．

　　部首索引─部首を手がかりにする場合

　　音訓索引─字音（音読み）・和訓（訓読み）を手がかりにする場合

　　総画索引─総画数を手がかりにする場合

　　四角号碼索引─形を手がかりにする場合（これは日本では一般的ではない）

親字の配列に戻る．まず，漢和辞典で親字が五十音順で配列されている場合に
就いてまとめておきたい．一般的には小学校で漢和辞典の使い方を学ぶ際に大切
なのは部首分類であるとされるように，漢和辞典は親字が部首により分類・配列
されており，部首の内部は画数順で配列されているのが一般的なのだが，そうで
はない漢和辞書があるというわけである．具体的にこの方式を採る漢和辞典は次
のものである．それぞれの凡例も引用して示す．

白川静『字通　普及版』（平凡社，2014）

　　親字は，その字音によって，五十音順に配列した．音は最も普通に用いられ
　　るものにより，すべて表音式によった．

沖森卓也『三省堂五十音引き漢和辞典　第2版』（三省堂，2014）

　　親字は最も代表的な音（代表的な音がない場合は訓）の五十音順を第一の配

列要素として配列した.

上記辞典は同音の親字は, 以下, 画数順により配列しているものであるが, 一般的な漢和辞典は部首分類であるのに対して五十音順を採用している理由は,「通常の漢和辞典が, いわゆる部首順配列であるために引きにくいという実態を踏まえ」(『三省堂五十音引き漢和辞典』) てのこととしている.

次に, 部首順配列についてである. 漢字の構成は偏旁冠脚の組み合わせであり, そのなかの特定の部分を「部首」として決め, その分類に従い配列する方法である. しかし, 漢字の中の特定の部分を「部首」として決めることは, 上記「引きにくい」との指摘も見られるように実は単純ではない. たとえば「相」の部首は何であろうか. この字の構成は「木」+「目」と考えられ「木」偏というとらえ方も可能であるが, 一般的な部首分類では「目」部に分類される字である. このような問題を次項で示す.

10.2.2 部首の決め方

五十音順による親字の配列がその漢和辞典での漢字体系のひとつのとらえ方だとすると, 一方で部首順による配列が漢字体系にふさわしいと考えるものもある. この方式は漢和辞典・漢字字典の親字の配列方式が各種試みられた歴史的展開の中で現在一般的になっているものである (注5).

そして, 中国の漢字字典では『説文解字』の部首が「一」から始まり「亥」で終わる配列は非常に強い影響を持ち続け, 顧野王『玉篇』(梁代543年成立) も少し変更は加えるものの, 基本的には同様の部首配列を採用した.

ここまでは画数の概念がなかった時代のものである. 画数順は次のように展開する.

部首の内部の親字の配列で画数順を採用したものとして韓道昭『五音篇海』(金代1208年成立) がある. ただし, これは画数順を分類される親字数が多い部首などに部分的に取り入れたものであり, 部首の配列は画数順にしていない.

現行の漢和辞典の多くが採用する方式である部首配列も部首内の親字配列も画数順としたのは, 梅膺祚『字彙』(明代1615年成立) であり, 部首配列の冒頭は『説文解字』と同様に「一」とするが (もっとも1画の部首であれば「丨」「丶」「ノ」「乙」などもありえようが「一」で始めたのは『説文解字』からの影響もあろう), それ以降は画数順となっている.

その形式を踏襲したのが『康熙字典』(清代1716年成立) である.

日本では漢和辞典の画数順化は漢字字書『字彙』より少し遅れる頃から始まる (注6).

現行の漢和辞典の部首分類は『康熙字典』に依拠するものが多い. 前述の「相」が「目」部に分類されるのは,『康熙字典』が「目」部に分類したことを踏襲しているからにすぎない (注7).

その一方で, 日本では現代日本語での漢字字体の規範として「常用漢字表」等があるのは10.1.1項で記したとおりであるが, その字体は『康熙字典』の部首分類にそぐわないものも含まれている. そこで常用漢字表で設定された新字体－そのもととなった旧字体ならびに『康熙字典』での部首分類の形で示すと, 次のとおりである. 新字体ではどのような部首に分類したらよいか, また, 実際の漢和辞典ではどのような部首で分類しているかを確認するのがよいであろう.

円－圓 (口部), 画－畫 (田部), 塩－鹽 (鹵部), 旧－舊 (臼部),

写－寫 (宀部), 台－臺 (至部), 双－雙 (隹部), 与－與 (臼部),

余－餘 (食部), 万－萬 (艸部), 並－竝 (立部), 帰－歸 (止部),

点－點 (黒部), 昼－晝 (日部), 当－當 (田部), 闘－鬪 (鬥部),

巣－巢 (巛部), 誉－譽 (言部), 労－勞 (力部), 栄－榮 (木部)

学－學 (子部), 覚－覺 (見部)

また, 多くの漢和辞典が基準としている『康熙字典』での部首分類を旧字体によるそれで見ても, たとえば「舊」や「與」を臼部とし,「譽」を言部,「晝」を日部とするなどといったものは, やや無理を感じるものがあるといえる. その点では, 漢字体系と部首分類の関係から考えるならば, あくまでも部首分類は「その漢和辞典利用者のためのもの」にすぎず, それぞれの漢和辞典が編纂時に工夫するのがよいのだとわかるであろう. その典型的なものは長澤規矩也『新明解漢和辞典』(三省堂, 1974) であり, 具体的には10.2.4項に示す (注8).

10.2.3 画数順

漢和辞典での親字配列の基準のひとつに画数順がある. 親字を部首で分類し, 同じ部首の親字を画数順にする, あるいは部首の配列を画数順にするものである. この基準は一見客観的なものであり, 人によるズレが生じないもののようにとらえられる可能性があるが, ズレが生じるのが実態である. その点を漢字字体史か

ら考えていくと次のようになる.

　漢字は古くは甲骨文字から篆書（てんしょ），隷書（れいしょ）と字体が展開し，そこから漢代に草書が現れる．その一方で三国時代に隷書から楷書（かいしょ）が現れ，楷書から行書が現れる．画数が明確になるのは 1 点 1 画が明確な楷書が必要であり，楷書字形が共有されていることが重要になってくる．ところが，楷書字形自体は古代中国で自然発生的に用いられた字形であって，画数を明確にするために制定された字形などではない．そのため，漢字を画数でとらえる意識は 10.2.2 項に示したように韓道昭『五音篇海』（金代 1208 年成立）まで待たねばならなかった．そして，部首配列も画数順，部首内親字配列も画数順というように辞典内で徹底されるようになるのは梅膺祚『字彙』（明代 1615 年成立）からであり，それを踏襲したのが『康熙字典』（清代 1716 年成立）であるのも前に示したとおりである．

10.2.4　画数順の決め方

　では，画数順は以上の歴史から変化なくここまで継承されたかといえば，くわしく見ていくとやはり変化が生じている．

　現代の漢和辞典の多くは画数の基準として前記『康熙字典』を参照しているが，このようなものがある．『康熙字典』では「淵」字を水（氵）部 8 画としており，諸橋轍次『大漢和辞典』でも同じである．しかし，この字が何画であるかを数えてみるとどうであろうか．水（氵）部 9 画ととらえられるのではないだろうか．そこで現代の漢和辞典では，水（氵）部 9 画に変更している旨の注記を凡例に記すものがある（注 9）．

　また，「臣」のようにそもそもの字体が安定せず歴史的に画数が一定しないものもある．この字は日本では古く「𦣞」と書かれていたこともあり「｜→→→一」と 5 画でとらえていた時代や，『康熙字典』のように「臣」の字形でも「一｜→一｜Ｌ」と 6 画としたり，多くの現行漢和辞典のように 7 画にしたものもあるといった状況である．

　画数順にはこのように安定しない側面もあり，漢和辞典のなかには画数順の手引きとして，思い当てた画数のところに目当ての親字が見当たらない場合はその前後を見よと注釈するものがある．

　また，「当用漢字字体表」「常用漢字表」の字体によって「新字体」となったもののなかには『康熙字典』と画数の異なるものもある．

たとえば,「艹」「艹」や「辶」「辶」,「黒」「黒」などはそれぞれの現行の漢和辞典がどのようにとらえているかを確認するのがよいであろう（注10）.

そして,画数は部首分類をどのようにとらえるかにもかかわるものである. たとえば長澤規矩也『新明解漢和辞典』（三省堂, 1974）は部首分類を字形を基準にして「大胆に」設定したものだが,それが部首内画数にも反映している.

具体的には,『康煕字典』と長澤分類とで対照させる.

「相」目部4画 － 木部5画,「雇」住部4画 － 戸部8画

10.3　漢字コード

現代社会はコンピュータにより日本語情報を表示・伝達・蓄積する状況になっている. そのなかでコンピュータで安定的に日本語文字,つまり仮名や漢字を扱うための規格が必要となった. そこで設定された日本での規格がJISコードであり,世界共通として設定されたものがユニコードである.

10.3.1　JISコード

日本語と漢字という点では,漢字数がどうあるべきか,どのような字体であるべきかが幕末明治期から議論されてきた. そのひとつの結論として1946年の「当用漢字表」1850字,1949年の「当用漢字字体表」があった. 当時はコンピュータによる日本語処理はまだ想定されていなかった時代であり,漢字は手で書かれ,読まれるものととらえられていた.

それがコンピュータ技術の発達・普及により日本語の漢字表記がコンピュータに搭載されるときに,統一規格が必要となり,日本工業規格（JISコード）として漢字が規格化された. これは当用漢字表,常用漢字表のように,どう人間が手書きで,また,読解として日本語のなかで漢字を用いるかの観点だけではなく,コンピュータ上でどのように運用・共有が可能かといった技術的な面も併せもっていた.

最初の規格は,

1978年　JIS C 6226　第1水準2965字,第2水準3384字,計6349字であり,1981年に常用漢字表が改訂されたことを受けて,1983年にJIS C 6226も改訂された. 第2水準が3388字となり,計6353字. このJIS C 6226は1987年にJIS X 0208と改称された.

　1978 年の制定直後に明らかになった問題点は，典拠不明であったり略字としてもどの字であるかが不明確な漢字が 63 字混入していたことである．また，1983 年の改訂では字体の変更も行われたが，

　　「鷗」→「鴎」「瀆」→「涜」「蠣」→「蛎」

など『康熙字典』を規範とする旧字体が略字体にされ，問題化したものもあった．

　その後，漢字に焦点を当てて示すと，

　　1990 年　JIS X 0212　補助漢字 5801 字

　　2000 年　JIS X 0213　第 3 水準 1249 字，第 4 水準 2436 字

とあるが，JIS X 0212 と JIS X 0213 は別規格であり，この 2 種についてはどちらかを用いることになる．

　一方で，実際のコンピュータへの搭載にはメーカーの方針もあり，細かな点で差異のある文字コードが用いられもした．その一例が，

　　1997 年　Shift_JIS（JIS X 0208 に明記された）

である．これはマイクロソフト社などが JIS X 0208 に明記される前から用いていた各メーカー独自の規格が工業規格として明確化されたものである．

　漢和辞典は，前項で JIS コードを示すことがあると記したが，コンピュータに漢字を入力する際の漢字コードを調べる工具書として用いられることもあると想定して JIS コードや Shift_JIS コードを併記しているということになる．

　JIS コードは次項で示す世界諸言語の文字コード（ユニコード）と対応させるために，

　　1995 年　JIS X 0221

が制定された．これはユニコードに対応させるために制定したもので，ユニコードの改訂に併せて改訂されている．

10.3.2　ユニコード

　コンピュータでの漢字の利用という点では，日本だけではなく漢字圏各地域の漢字との整合性も重要になった．それは漢字だけではなく世界諸言語の文字，また歴史的に用いられていた文字も規格化しようとしたものに取り込まれた．これは 1980 年代にコンピュータ関連企業（注 11）が諸言語文字の整合性を重視したことから始まったもので，ユニコード（Unicode）と呼ぶ．

　この開発年表は次のとおりである．

1991 年　ユニコード 1.0　漢字を含まない第一段階

1992 年　ユニコード 1.0.1　漢字を導入した（注 12）

そして，日本語の漢字にかかわる点での改訂は次のとおりである．

1999 年　ユニコード 3.0　JIS X 0213 の漢字の一部が採用された

2001 年　ユニコード 3.1　JIS X 0213 の漢字の一部が採用された

2002 年　ユニコード 3.2　JIS X 0213 の漢字に正式対応した

また，漢字以外での日本語文字にかかわる点では，

2017 年　ユニコード 10.0　変体仮名 285 文字を導入

2019 年　ユニコード 12.0　小文字の「ゐ」「ゑ」「を」「ヰ」「ヱ」「ヲ」「ン」を導入

2019 年　ユニコード 12.1　元号の合字「㋿」を導入

　漢和辞典は前項でユニコードを示すことがあると記したが，コンピュータに漢字を入力する際の漢字コードを調べる工具書として用いられることもあると想定して，これらの改訂を経たユニコードの文字番号も併記しているのだということになる． 　　　　　　　　　　　　　　　　　　　　　　　　　　　　[鈴木功眞]

注

注1　中国大陸（中国共産党政権下の中国）では「簡体字」が用いられているが，ここでは「漢和辞典」について述べていることから，簡体字については述べないこととする．

注2　「新字」は漢字字体以外の別義の場合もある．

注3　もっとも『康熙字典』にもミスと称すべきレベルでの誤字が見られる．たとえば「髙」である．これは当時の漢字使用状況からみて「髙」（はしご高）が妥当なのだが，ミスにより「高」（くち高）の字形にしてしまったものである．注 9 も同様である．

注4　10.3 節で画数・部首・コードを扱うのでそれらも示した．

注5　漢字体系を部首分類でとらえようとした最初のものは許慎『説文解字』（後漢 100 年成立）である．その後，日本では漢和辞典として展開するなかでやや漢和辞典とは始まりを異にするものの興味深い例として，平安時代中期に始まった『法華経音義』のように各種の配列方法が試みられたものも存在する．これは巻音義（妙法蓮華経の注釈書として語の出現順配列の「巻音義」形式）から部首順・字音順などが試みられた．築島裕（1967）「法華経音義について」『本邦辞書史論叢』（三省堂）参照．

注6　米谷隆史（2007）「近世初期刊行の画引字書について」『国語文字史の研究』10（和泉書院），鈴木功眞（2011）「寛文四年版袖珍倭玉篇の画引きに就いて」沖森卓也編『言

語変化の分析と理論』(おうふう) 参照.

注7　それは『説文解字』から継承されたものでもある.

注8　この点に関して, 部首分類・配列はある程度辞典相互の互換性を保つべきだとする意見もある. 阿辻哲次 (2009)「部首」前田富祺・阿辻哲次編『漢字キーワード事典』(朝倉書店) 参照.

注9　もっとも『康熙字典』では「䀠」やこれを旁にもつ親字のこの部分を 8 画としていることから, なんらかの事情によるミスが生じていたものと推測される.

注10　たとえば「艹」「艹」は『新漢語林』(初版, 大修館書店, 2004) が 4 画ではなく 3 画としたのが話題となった.

注11　現在は非営利団体のユニコードコンソーシアム (1990 年設立) が開発・調整している. この団体にはマイクロソフト, アップル, アドビシステムズ, グーグル, IBM などが参加しており, かつては日本のジャストシステムも参加していた.

注12　ここで導入した漢字は CJK 統合漢字と呼ばれる中国語, 日本語, 韓国語 (, のちにベトナム語も追加) の類似する漢字を統合したものであり, 結果として各国語版の端末で表示される字体が異なってしまうという現象も生じることとなった.

⑪ 漢和辞典の音と訓

11.1 音

11.1.1 字義と字音

　中国語の場合，漢字一字が語となり，語義と語形とをもっている．この場合の語義が字義となり，語形が字音となる．つまり，字義とは漢字のもつ意味を指し，字音とは漢字の音形式を指す．

　字音については，一つの漢字に字音が複数ある場合がある．たとえば，呉音，漢音，唐音などであるが，これらはそれぞれ使用された地域や時代が異なっている．このような字音の異なりが字義の異なりと深く関係する場合がある．

　たとえば，「楽」には字音「ガク」「ラク」があるが，「ガク」には「音楽」，「ラク」には「楽しむ」の義がある．このことは，『広韻』の「楽」の項には，入声覚韻に「音楽」，去声効韻に「好也」とあることからも確認できる．

　また，成り立ちからみると別字であるが，略字，あるいは俗字が派生した結果，その字体がすでに別字として存在したために結果として二字が同字体となったものがある．これらは，成立上別字であるので，字音と字義とがそれぞれ異なっている．たとえば「芸」は「藝」の異体字であるととらえられるが，別字として「芸」が存在しており，その字音と字義の違いは以下のとおりである．

　　芸　ウン　香草の名．草を刈る．

　　藝　ゲイ　草木を植える．わざ．才能．

『広韻』には平声文韻の「芸」に「香草也」，去声祭韻の「藝」に「才能也」とある．同じような例として，「缶」と「罐」との関係についても指摘できる．

　　缶　フ　　水などを入れるかめ．

　　罐　カン　水を汲む容器．国訓として金属製の容器．

『広韻』には上声有韻の「缶」に「瓦器鉢也」，去声換韻の「罐」に「汲水器也」

とある.

11.1.2　字音の種類

　字音の種類には，代表的なものとして呉音，漢音，宋音，唐音そして慣用音がある.

　呉音とは，主として仏典の読誦音として用いられ，日本に移入された字音体系としては最も古く，そのため「和音」とも称される．漢音とは，奈良時代末期から平安時代初期にかけて移入された漢字音で，主として漢籍の読誦音として用いられた．宋音とは，鎌倉時代初期の禅僧が中国から持ち帰った字音で，主として禅宗の典籍読誦音として用いられた．唐音とは，江戸時代初期の黄檗宗僧侶が中国から持ち帰った音である.

	和	瓶	明	鈴
呉音	ワ	ヒヤウ	ミヨウ	リヤウ
漢音	クワ	ヘイ	メイ	レイ
唐音	ヲ	ビン	ミン	リン

　このように，漢字音は移入された時代によって異なっているが，それは移入元である中国側の，音韻の歴史的な変化や地方の違いなどが原因となっている．このような歴史的な背景をもたず，日本独自で慣用的に定着をした字音を慣用音という．たとえば，「攪乱」は「カクラン」と読むが，「カク」は慣用音であり，呉音，漢音は以下のとおりである.

	呉音	ケウ
攪	漢音	カウ
	慣用音	カク

　慣用音は，古くから読み習わし定着した音であるので，中国字音である呉音や漢音などを忠実に日本の仮名遣いによって再現しようとした字音仮名遣いの定着過程とは基本的に異なる．したがって，慣用音の字音仮名遣いは習慣的に定着したものとなる.

11.1.3　字音仮名遣い

　中国語音である字音を仮名で書き表す際の仮名遣いを，字音仮名遣いという．日本語の表記史のうえで，仮名遣いが問題となるのは，「いは（岩）」や，「かは

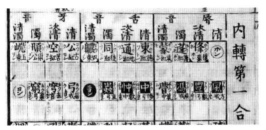

図1 『磨光韻鏡』13/56 右上「東」字（早稲田大学蔵）

（川）」などの字訓の場合で，字音についてはほとんど問題とならなかった．それは，日本語文を表記する際には，「ガンクツ（岩窟）」や「センジョウ（川上）」などの字音語（漢語）は基本的に仮名で表記することがなく，漢字で表記されたためである．したがって，歴史的仮名遣いについては鎌倉時代初期から「定家仮名遣い」にかかわる研究成果が残されているが，字音仮名遣いについては，江戸時代からとなる．

　江戸時代初期には多くの『韻鏡』の注釈書，研究書が刊行されるなか，文雄（1700〜1763）が著した『磨光韻鏡』（1744）は，呉音，漢音，そして唐音（華音）を図のなかに仮名で記した（図1）．

　文雄は，三種の漢字音を『韻鏡』の枠組みのなかで体系的に記述しようとしたために，たとえば第一転舌音清，平声一等の「東」の呉音を「ツ」というように誤った記載が見られる．

　その後，『韻鏡』による漢字音の研究は太田全斎（1759〜1829）の『漢呉音図』（1815）に継承された．『漢呉音図』は，『古事記』や『日本書紀』などの典拠を示しながら実証的な説明を試みている．

　本居宣長『字音仮字用格』は，字音を表記する際にどのような仮名をあてるべきかを考察したものである．そのなかで，従来ア行とワ行とで混乱の見られた「オ」「ヲ」の所属を，正しくア行とワ行とに所属させ，字音を表記しようとした．

　東条義門（1786〜1843）は『男信』（1842）において，漢字音の撥音韻尾には「男」のように唇内撥音［m］となる場合と，「信」のように舌内撥音［n］となる場合との区別があることを明らかにしている．

　近代に入ると，漢字音研究にともなう字音仮名遣いは訓点資料の発掘とともに発展し，字音直読資料を利用した研究がなされるようになった．代表的な呉音直

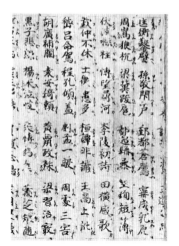

図2 『長承本　蒙求』冒頭（汲古書院, 1990）

読資料としては『妙法蓮華経』，九条本『法華経音』など，代表的な漢音直読
資料としては長承本『蒙求』などが挙げられる（図2）.

11.1.4　四声と韻

中国語のアクセントを声調といい，第一声から第四声までの4種類あり，四声
という. 現代の北京方言では第一声が高平調，第二声が上昇調，第三声が低凹調,
第四声が下降調となる. これらは，漢和辞典においてはピンインによって示され
る.

中古の漢語では，第一声は平声と呼ばれ，低い音を維持する低平調である.
第二声は上声と呼ばれ，高い音を維持する高平調である. 第三声は去声と呼
ばれ，低い音から高い音へと上昇させる上昇調である. 第四声は入声と呼ばれ,
韻尾に-p, -t, -kの破裂音をもつ特徴的な声調を指す. これらは，漢和辞典に
おいては，以下のように四角の四隅を塗りつぶすことによって示されている.

平声　　　　上声　　　　去声　　　　入声

この四角のなかに示されている漢字を韻字という. 中国語の音節構造は，頭子
音（Initial）＋介音（Medial）＋母音（Vowel）＋韻尾（Final）/韻尾（Tone）と

なっており, IMVF/T と略記する. このうち, とくに I を声母, MVF/T を韻母という. その声母 I を除いた MVF/T, あるいは VF/T などの韻母を表す漢字で, 同じ韻をもつ漢字を代表させたものを韻字という. 韻の種類は『広韻』では二〇六韻に分類されている.

韻は, 漢詩などの韻文を作成する際に韻をふむ, つまり同じ韻をそろえて用いる際に参照されるものであるが, 韻の種類があまりにも多いために, 本来別の韻である漢字を通用する通韻が認められたのちに, 韻の種類が整理統合され, 現代では一〇六韻となっている.

11.1.5 ピンイン表記

ピンイン（拼音）とは, 漢字の中国語音をローマ字によって表記する体系で, 1958 年の全国人民代表大会で示された「漢語拼音方案」に基づくものである. 中国語音は, 子音である「声母」と, そのあとに続く「韻母」, そして一音節内の音の高低を示す「声調」とで構成される. 声母と韻母とはローマ字で示され, 声調は韻母のうちの主母音の上に声調符号によって示される.

漢字一字の場合の声調は 4 種類で, 第一声から第四声までであり, その音の高低は以下のとおりである.

第一声は陰平声と呼ばれ, 高平調で高音をそのまま維持する音で, 声調符号は ˉ である. 第二声は陽平声と呼ばれ, 上昇調で中音から高音へと上昇させる音で, 声調符号は ˊ である. 第三声は上声と呼ばれ, 低凹調で中音から低音まで下がり, その後に上昇させる音で, 声調符号は ˇ である. 第四声は去声と呼ばれ, 下降調で高音から低音に下降させる音で, 声調符号は ˋ である.

コンピュータ上では, このような声調符号を表示できない場合があり, そのために声母と韻母のローマ字表記に続けて, 第一声を 1, 第二声を 2 のように表示する方法もある.

たとえば, 第一声から第四声までの声調を, 声調符号による表記と数字による表記とで示すと, 表 1 のようになる.

このように, 同じ声母と韻母とをもつ漢字であっても, 声調が異なれば, 意味が異なるので, 中国字音における声調は, 音声上意味を区別する働きをしている.

表1　ピンインの表記法

	声調符号	数字	代表的な意味
鶏	jī	ji1	にわとり
急	jí	ji2	いそぐ・あわてる
己	jǐ	ji3	おのれ・自分
技	jì	ji4	技術・才能

11.2　訓

11.2.1　訓

　漢字が中国で成立した際には，字形，字音とともに字義をもっている．漢字が中国から日本に移入される際に，その字義にあうように和語を宛てた．そのようにして，漢字に対し一定の和語が定着したものが，訓である．

　漢字の訓みを示した初期の例としては，『古事記』において「鱸」に「須受岐（スズキ）」と万葉仮名によって示した例がある．

　　為釣海人之，口大之尾翼鱸 _{訓鱸云須受岐}　（『古事記』上巻）

　この訓は，その後字訓として定着し，『類聚名義抄（るいじゅみょうぎしょう）』においても「スズキ」と記されている（図3）．

　訓はこのように漢字を読む，あるいは和語を背景とした漢字文を作成することによって漢字に対して結びつきを強くしてゆくのであるが，一方で漢字の字義に照らした臨時的な訓もあり，それを義訓という．

　　金風（あきかぜ）に山吹の瀬の鳴るなへに天雲翔ける雁にあへるかも　（『万葉集』1700）

　「金」に「あき」の訓をあてて，「金風」を「あきかぜ」と読ませているのである．このほか，『万葉集』には「暖」（はる），「寒」（ふゆ）なども見られる．また，『万葉集』には「軽引」（たなびく）も見られるが，複数の漢字に対して訓が結びついたものを熟字訓という．

　熟字訓は，一回的なものから社会的に慣習化し認められたものまであるが，現代における熟字訓としては，「改定常用漢字表」の付表に掲げられている「小豆」（あずき），「田舎」（いなか），「山車」（だし）などが挙げられよう．

図3 『類聚名義抄』僧下五3「鱸」字（風間書房，1986）

11.2.2 常用漢字表内訓

　常用漢字表は，日常の漢字使用にかかわる施策で，その目的を「一般の社会生活における漢字使用を考えるときには「コミュニケーションの手段としての漢字使用」という観点がきわめて重要であり，その観点を十分に踏まえて作成された漢字表は，国民の言語生活の円滑化，また，漢字習得の目標の明確化に寄与すると考えられるためである．」（「改定常用漢字表」平成22年6月7日，文化審議会答申，「I基本的な考え方」より）としている．

　その常用漢字表は，字種だけではなく音訓についても記されている．たとえば，「育」は，訓として「そだつ」「そだてる」「はぐくむ」を挙げている．ただし，これらのうちで「はぐくむ」は平成22年に改定された常用漢字表に追加された訓であって，それ以前の昭和56年の常用漢字表には記載されていない．したがって，平成22年以前と以後とで印刷出版された漢和辞典では，「育」字に対する常用漢字表内訓の記載が異なる．このように，常用漢字だけでなく常用漢字表内訓は社会生活の変化にともなって改定され，それが漢和辞典に反映されることになる．

　昭和56年版から平成22年版に追加された常用漢字表内訓は，「育」字の「はぐくむ」を含めて25語である．表2に一覧を示す．

　つまり，このたびの改正以前の公共性の高い文章においては，「私」字を「わたくし」ではなく「わたし」と読ませたい場合には，「私^{わたし}」のように振り仮名が

表2　常用漢字表内の追加訓

	昭和56年版	平成22年版追加訓		昭和56年版	平成22年版追加訓
委	×	ゆだねる	拙	×	つたない
育	そだつ	はぐくむ	全	まったく	すべて
応	×	こたえる	創	×	つくる
関	せき	かかわる	速	はやい　はやめる　すみやか	はやまる
館	×	やかた	他	×	ほか
鑑	×	かんがみる	描	えがく	かく
混	まじる　まざる　まぜる	こむ	放	はなす　はなつ　はなれる	ほうる
私	わたくし	わたし	務	つとめる	つとまる
臭	くさい	におう	癒	×	いえる いやす
伸	のびる　のばす	のべる	要	いる	かなめ
振	ふる　ふるう	ふれる	絡	からむ　からまる	からめる
粋	×	いき	類	×	たぐい
逝	ゆく	いく			

必要であった．しかし，現在では「わたし」訓が加わったので「私」という漢字表記のみでよいということである．

11.2.3　国　訓

　国訓とは，中国における漢字の本来的な字義とは関係なく，日本で独自に漢字と訓とが結びついたものである．新井白石は『同文通考』において，次のように説明する．

　　国訓トイフハ，漢字ノ中，本朝ニテ用ヒキタル義訓，彼国ノ字書ニ見ヘシ所
　　ニ異ナルアリ．今コレヲ定メテ，国訓トハ云フ也

　国訓の例として，「社」字に係助詞「コソ」の訓があるとしている．

　　○社ヤシロ　コソ　神祠也又語助　社式夜切土神也　（巻四，7オ）

　中国の漢字辞書である『漢語大詞典』には，①古代謂土地神，②社壇，③謂祭土地神などとあって，本来的には土地神にかかわる字義をもつ漢字であるので，『同文通考』に記載されているように「ヤシロ」の訓があり「神祠也」とするのは国訓であるといえる．また，「コソ」と読み「語助」の用法であるとするのも日本独自のものである．係助詞とは日本語文法の概念であるので，当然ながら中国の辞書には見られない．

『同文通考』には掲げられていないが，「社」字と同じように，漢字に国訓をあてて助動詞として用いられた例として，「梟」字の「ケリ」がある．

　　長秀云ヘ梟者暫ヶ楯ニ籠ッテ寺家ニ　（『大塔物語』11 オ 6）

　この「梟」字を「ケリ」と読むのは，中世の『運歩色葉集』や近世の『書言字考節用集』に掲載されていることから，中世から近世にかけて定着したものとみられる．この用例がみられる『大塔物語』は，真名本と称される漢字文で，本文成立の前提として日本語文が想定されているものである．したがって，日本語文特有の表現にかかわる表記の方法の一つとして，すでに存在している漢字に国訓をあてたのである．

　また，国訓が生じる背景としては，漢字が本来もっている義が日本独自に転用された結果，国訓が生じる場合もある．たとえば，「杜」字は神社の樹木を指して「モリ」としていたが，広く林叢一般を指して「モリ」とするようになった．単に誤用の結果国訓として定着したと考えられる例もあり，たとえば「蛸」字の本義の「クモ」に対する国訓の「タコ」，「鮎」字の本義の「ナマヅ」に対する国訓の「アユ」などが挙げられる．

11.2.4　訓の付加情報（名乗り字・古訓）

　特殊な訓をもつ漢字として名乗り字がある．現代では，人名用漢字として人名に使用できる漢字の範囲が制限されている．しかし，その読み方については常用漢字表内の音訓に限らない，特殊な読み方が習慣的に定着している．たとえば，「治」字をもつ名前として「雅治」や「治美」があり，それらを「マサハル」「ハルミ」と読む．「治」を「ハル」と読んでいるのであるが，常用漢字表内の音訓は「チ・ヂ」と「おさめる」である．「ハル」という読み方は，もっぱら人名においてのみ用いられるということである．このような，訓をもつ漢字を名乗り字という．名乗り字は，人名として用いられることはいうまでもないが，人名は習慣的に読めるものであるので，古い文献で振り仮名を振った用例はほとんどみられない．しかし，そのような特殊な読みを集め，まとめて掲載している古辞書がある．

　『色葉字類抄』には名字として，掲載されている．

　　名字付

　　春ハル　治玄同

図4 『類聚名義抄』法上三二2「治」字（風間書房，1986）

　中世成立の印度本系弘治二年本『節用集』では，「名字抄」として，同じ印度本系の永禄二年本では，巻末に「名乗」として掲載している．永禄二年本では，「ハル」と読む名乗り字について「治」のほかに，以下の漢字を掲出している．

　　　春　玄　晴　霽　遇　相　会　合　遙　明　晶（242・4）

　訓は，時代によって変化がみられる．先の時代に読まれていたが，後の時代には読まれなくなった訓を古訓という．古訓は，それぞれの時代において漢字をどのように理解し，用いていたのかということの参考となる．

　たとえば，「治」は，『類聚名義抄』では，次のように多数の訓をもっている（図4）．

　　ヲサム・ハル・タモツ・ヒラク・ホル・マツリコト・ヲサヲサシ

　　ツクロフ・ハラフ・ウルハシ・ミカク・ツクル・キヨシ・アキラカニ

　このような多数の訓が，時代が下がるにつれて特定の訓に収斂され，現代では常用漢字表内訓である

　　　おさめる・おさまる・なおる・なおす

となってゆくのである．このように，ひとつの漢字がもつ訓の数に変化が生ずることもあれば，言葉の形の変化によって，訓が変わるということもある．たとえば，「危」は「アヤウイ（アヤウシ）」から「アブナイ」に変化している．また，下二段動詞「オサム」が下一段動詞「オサメル」へと活用の種類が変化したことによって，「治」字の訓が変化している．　　　　　　　　　　　　　　　　　［橋村勝明］

12 漢和辞典と字形

12.1　見出しの字形

12.1.1　印刷の字形

　漢和辞典の親字は明朝体で示されることが多い．これは，明朝体が印刷用の書体として定着していることに加えて，日本の漢和辞典の原型である『康熙字典』（こうきじてん）が明朝体を採用していることの影響が考えられよう（図1）．

　明朝体の特徴としては，横画の終点，縦画の起点にみられる「ウロコ」であり，このようなものは実際の手書き文字には存在しない．このように，書体の影響によって，筆写の字形と印刷の字形とが異なっていることがある．

　たとえば，明朝体の字画の折り方については，「比」「糸」字のように本来一画となるところを，二画であるようにデザインされているものがある．

比　　比　　　　糸　　糸

　また，本来字画としては存在しない，「之」「入」字のように筆押さえがデザインされているものもある．

之　　之　　　　入　　入

　このように，実際の筆写の字形が大きく異なる場合は字形に関する正しい知識があれば問題はない．字形をさらに厳密に観察してゆくと，「発」のように「はつがしら」の頂点が離れてデザインされているが，実際の筆写ではつけて書く場合もある．

発　　発

　「発」の例は，先の字画の折り方や筆押さえと同じようにとらえるべきではな

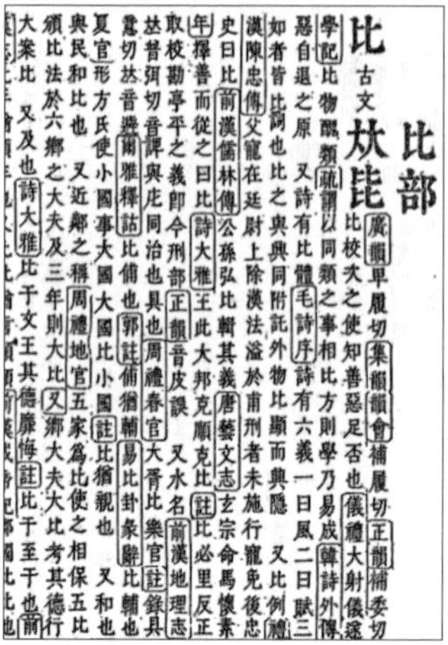
比部
比 古文 夶 毞 廣韻卑履切集韻韻會補履切正韻補委切
比校丈之使知善惡足否也儀禮大射儀遂
學記比物醜類疏謂以同類之事相比方則學乃易成韓詩外傳
惡自退之原　又詩有比體毛詩序詩有六義一日風二日賦三
如者皆比詞也比之與與同附託外物比顯而與隱　又比例禮
漢陳忠傳父寵在廷尉上除漢法溢於甫刑者未施行寵免後忠
史曰比前漢儒林傳公孫弘比輯其義唐藝文志玄宗命馬懷素
年擇善而從之曰比詩大雅王此大邦克順克比註比必里反正
取校勘亭平之義卽今刑部正韻音皮誤　又水名前漢地理志
比普弭切音諀與庀同治也具也周禮春官大胥比樂官註錄具
意切比音鼻爾雅釋詁比俌也郭註俌猶輔易比卦彖辭比輔也
夏官形方氏使小國事大國大國比小國註比猶親也　又和也
與民和比也　又近鄰之稱周禮地官五家爲比使之相保五比
須比法於六鄉之大夫及三年則大比又鄉大夫大比考其德行
大衆比　又及也詩大雅比于文王其德靡悔註比于至于也前

図1　『康熙字典』「比」の部分（中華書局出版，2010）

く，筆写の際にみられる字形上の「ゆれ」ととらえるべきである．

筆写の字形と印刷の字形とはこのような違いが見られるので，初学者の場合，漢字の字形を確認するために漢和辞典を参照する際には注意が必要である．検定教科書には，筆写の字形に近い教科書体が採用されており，誤解が生じないよう配慮されている．

12.1.2　旧字体

昭和24年告示の当用漢字字体表で採用された新しい字体に対して，それ以前に使用され，正字とみなされてきた字体を旧字体という．

当用漢字字体表の「まえがき」に「この表の字体は，漢字の読み書きを平易にし正確にすることをめやすとして選定したものである」とし，また「この表の字体の選定については，異体の統合，略体の採用，点画の整理などをはかるとともに，筆写の習慣，学習の難易をも考慮した」とあることから，漢字としての正当性よりも，文字学習上の難易を重要視したものであるといえよう．

その選定の方法としては，「当用漢字字体表」の備考に以下の例が挙げられている．

半 半　兼 兼　妥 妥　羽 羽

上の大小字のうち，大字を当用漢字体として採用しているのであるが，「半」「半」では「半」が正字であり，以下同様に「兼」「妥」「羽」が正字である．

これらのほか，「当用漢字字体表」においてとくに注記はされていないが，

雪 雪　花 花

上記の「雪」「花」はそれぞれ右に示した字画が突き抜けている字体が正字であるが，これらについても左の字体を採用している．

当用漢字字体表では，採用した字体が正字体の一つの基準である『康熙字典』体と著しく字体が異なる場合には『康熙字典』体を示しており，平成 22 年の改定常用漢字表においても同様であるが，「雪」「花」のような微細な違いについては注記をしていない．

12.2　さまざまな字形

12.2.1　異体字

異体字とは，文字の構成要素である音・義・形のうち，音・義が同じで形のみが異なる漢字をいう．中国の代表的な字体字書である『干禄字書』には，異体字の種類を，俗字，通字，正字に分類している．

俗字とは，浅近な字体で，戸籍帳や文案などの際に用いる字体である．通字とは，長年習慣的に使用されてきた字体で，上奏文や手紙などに用いる字体である．正字とは，典拠があり，著述や官吏登用試験などの際に用いるべき字体である．

たとえば異体関係にある漢字 AB を並べ，「AB 上俗下正」のように表記することによって，A の俗字に対して，B が正字であることを示している．図 2 では，切字が俗字，功字が正字であることを示している．

このような異体字の種類について，漢和辞典では本字，別体字，俗字，古字などの分類によって示している．

本字とは，『干禄字書』でいう正字で，漢字の成り立ちから見た場合の本来の漢字字体を指す．漢和辞典での示し方は，見出しとなる親字が本字である場合にはそれに対する俗字，別体字を注記し，親字が俗字，別体字である場合には本字を注記している．親字は利用の便に配慮し，現行通用字体が採用されており，そ

図2 『干禄字書』11/55左「功」字
（早稲田大学蔵）

図3 『花月対座論』題簽（香川県立ミ
ュージアム保管資料）

れが俗字体である場合に本字が示されることとなる．たとえば，「幹」の注に「榦」
が本字として示されている．

　別体字とは，或体字ともいい，通常異体関係にある漢字ではいずれか一方を正
字とし，一方を俗字とするのであるが，そのいずれを判断しにくいものをいう．

　俗字とは，正字ではないが社会に広く通用し用いられている漢字の字体を指す．
たとえば「京」「今」の俗字としては以下のような字体がある．

　　京　京　正俗

　　今　今　正俗

俗字は，上のように画の増減や点画の構成の違いなどで派生的に生み出されて
ゆくが，俗字のなかでも，漢字の一部を別の偏旁に置きかえ構成しなおした字も
ある．『花月対座論』の題簽に記された「花」字は，「化」の部分を再構成した「苍」
となっている（図3）.

　古字とは，古文，籀文を楷書にした字体で，いずれも中国の春秋戦国時代に
使用された字体であるとされている．日本で使用された例としては，『文正記』
が挙げられる．

　　一　同心拘役処無二無三弌心防戦　　　『文正記』一ウ3

　　以　概神代目来侍凡下区別有之　　　　『文正記』一ウ3

　字体がこのように複雑化するのは，さまざまな要因が想定されるが，その一つ
に漢字に対する理解不足や誤認識によるものがある．『豆相記』には，「甍」字に「ム

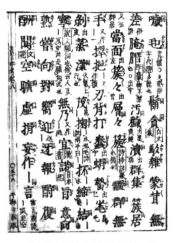

図4　『豆相記』(11オ3)「舞」字（肥前島原松平文庫蔵）

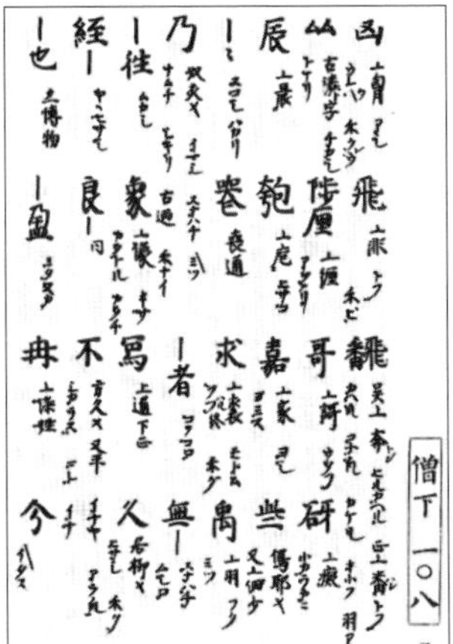

図5　『類聚名義抄』僧下一〇八5　　　図6　『書言字考節用集』第十冊八下39・
（風間書房，1986）　　　　　　　　6（勉誠出版，2006）

シロ」の訓があてられているが（図4），『類聚名義抄』，『書言字考節用集』などの古辞書によれば「無乃」二字の熟字訓として「ムシロ」と読む（図5，図6）．

「舞」については，一般的に通用するには至らなかったようであるが，字体レベルの点画の誤認識にとどまらず，漢字そのものが誤認識によって生み出される

ことがある.

12.2.2 書体

書体とは，文字を一定の特徴をもつデザインによって表現された体系を指し，毛筆の場合には隷書，篆書，楷書，行書，草書などがある（図7）．また，亀甲や牛骨に刻まれた甲骨文，青銅器に刻まれた，あるいは鋳造された金文も含まれる．

近年ではコンピュータの発達によって，印刷用活字やコンピュータのフォントと同義にとらえられるようになった．代表的な活字印刷用書体としては，明朝体，ゴシック体がある．明朝体は日常的な印刷物に標準的に使用されているが，以下のように，字画の止めに三角の突起（ウロコ）があること（一），字画の返しが2画のように見えること（公），「しんにょう」の形が独特であること（道）などのデザイン上の特徴があり，漢字学習の際には注意が必要である．

一　　公　　道

以上のほか，特殊な書体としては教科書体がある．教科書体は，明朝体やゴシック体ではわかりにくい筆の運びを，毛筆風の書体で表現することによって，漢字学習者が正しく字体を理解するように配慮されたものである．教科書体はその

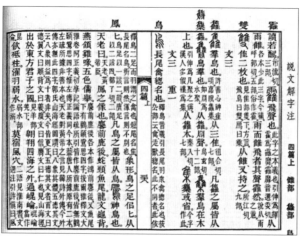

図7 『説文解字注』篆書と楷書，「鳥」字（上海古籍出版社，1981）

名称のとおり，教科書に採用されている書体であるが，教科書会社によって微細に異なる書体を用いている．代表的な教科書体としては，学習指導要領に掲載されている，学年別漢字配当表が挙げられる．

［橋村勝明］

13 漢字の成り立ち（字源）

13.1 六　　書

　紀元100年頃，後漢の人許慎が中国で最古の字書『説文解字』を著した．これには，小篆の書体9300字余りを挙げてその字形と字義に関する解釈が示されているが，漢字の成り立ちについては，「六書」という用語で説明されている．その六つとは，「象形」「指事」「会意」「形声」「転注」「仮借」である．このうち，「象形」「指事」「会意」「形声」は造字法による分類であるが，「転注」と「仮借」は転用法に関するものと考えられている．

　「文字」という言葉は，元来，単体の「文」とこれを組み合わせた「字」の総体を指す．六書のうち，単体のものは，「象形」と「指事」で，複合したものは，「会意」と「形声」である．

　「象形」は，物のかたちを描きかたどったもので，漢字の最も原始的な姿である．

　（例）　山　川　日　月　木　鳥　など

　「指事」は，「象形」をもとにして，しるしを加えて作ったもので，抽象的な意味を表す文字である．

　（例）　上　下　本　末　など

　「会意」は，意味を表す要素（「意符」，「義符」とも）を複数組み合わせて作られた文字である．たとえば，「信」は，「人」と「言」，「明」は，「日」と「月」を合成して作られており，それぞれの要素の意味が合わさったものである．

　（例）　歩　武　孝　看　など

　「形声」は，「意符」と発音を表す要素（「音符」）とを組み合わせて作られた文字である．「六書」のなかで，「形声」による漢字が最も多く，実に全体の八割強を占めている．これには，意符と音符の位置（偏旁冠脚および構，繞，垂）によって，次のような型が認められる．

①意符が偏（音符は旁）にあるもの

　　江　源　語　謝　像

②意符が旁（音符は偏）にあるもの

　　判　刻　頂　頭　歌

③意符が冠（音符は脚）にあるもの

　　草　落　雲　霧　客

④意符が脚（音符は冠）にあるもの

　　志　忠　盟　盛　烈

⑤意符が構（音符は構の内）にあるもの

　　閣　閥　固　術

⑥意符が構の内（音符は構）にあるもの

　　問　聞

⑦意符が繞（音符は繞の上）にあるもの

　　近　迫　超　起　廷

⑧意符が垂（音符は垂の下）にあるもの

　　庭　府　痢　癖　房

　ただし，形声文字のなかの音符にあたる部分が意符的要素も兼ねることがあり，「会意兼形声」として分類されることもある．複数の漢和辞典を見比べてみると，ある辞典では「会意」となっている字が別の辞典では「形声」となっていることがあって扱いが異なっている場合があるが，それはこのような事情が関係している．

　「転注」には諸説があって定まらないが，もともと別の文字であったものが，字義の変化を経て互いに同じ意味に用いられる現象を指すようである．

　（例）「考」と「老」「令」と「長」

　「仮借」は，その漢字本来の意味とは関係のない，同音の別の漢字を借りて転用した現象を指す．たとえば，もともと「西」（セイ）という漢字は酒を入れるかごを意味する字であったが，セイという音が方角の "にし" の音と同じであったため，「㢴」という漢字で方角の "にし" を表すようになった，というような例である．他にも，「豆」（トウ）は象形文字で，本来は祭りの時に肉を盛る木製の器を指していたが，後にこれと同じ発音トウの "マメ" の意味に転じて用いられるようになったというのもこれに当たる．なお，『魏志倭人伝』で，日本の固

有名を漢字で表す（「卑弥呼」など）のも，「仮借」の一種と考えられる.

13.2　字源の解説

　字源の解説について，現行の漢和辞典の多くは，「解字」という項目を立てて記述している. 諸橋轍次『大漢和辞典』（大修館書店, 1960）「凡例」には「解字の項に於ては，主として象形・指事・会意の三種の文字について，その文字の構造と本義とを説明し，更に各種訓義の発生する経路をも明らかにした」とある. 他の漢和辞典もおおむねこれを軸として字源の解説を施しているが，『角川大字源』（1991）「凡例…十　解字」にも，

　　1冒頭に，漢字の構造を六書の分類によって明らかにし，しかるのちに，形（字形）・音（字音）・義（原義）の順にそって解説した. 2六書のそれぞれの分類に応じて字形を説明し，会意字・形声字については，意符または音符に分析して，双方の意味を明らかにした. 3音のもつ意味を可能なかぎり類推して掲げ，その例として近似音をもつ漢字を挙げた場合もある. 特に，形声字については，音符の音の転化を「レ」によって示し，しかるのちに音のもつ意味を解説した. 4字形や音のもつ意味によって導き出される原義を明らかにした. 必要に応じて，引伸義（「ひいて，…」）・転義（「転じて，…」）・借用義（「借りて，…」）をも明らかにした.

とあるように，次項で述べる「単語家族」（13.3節）にも言及しており，『広漢和辞典』（大修館書店, 1982），『学研漢和大字典』（1978），『学研新漢和大字典』（2005）などもこれに倣っている.

　たとえば，「文」字について，『学研漢和大字典』では，

　　もと，土器につけた縄文ジョウモンの模様のひとこまを描いた象形文字で，こまごまとかざりたてた模様のこと. 紋の原字. 紊ビン（色糸が交差して模様をなす）−美ビ（細かく美しい）などと同系のことば. のち，模様式に描いた文字や，生活のかざりである文化などの意となる.

と記し，字源から原義を踏まえ，派生義へと転じる過程を説明するとともに，「紊ビン」や「美ビ」の類似音との関係にも言及する. また，「歓」字（旧字「歡」）では，

　　吅カンは，口をそろえ声をあわせることを示す. 雚カンはもと鳥の名. 歡は「欠（からだをかがめる）＋音符雚」の形声文字で，からだを曲げて，わいわいとにぎやかに話しあうことを示す. 喧ケン（にぎやかに騒ぐ）−和カ（あわせる）

－讙カン（声をあわせてよろこぶ）と同系のことば.

と記し，形声文字「歡」（「歓」の旧字）について，まず意符の字源を説き，漢字の構造を示したうえで，「喧」「和」「讙」などと類音の字との意味的関連にも触れている（13.3 節「単語家族」の説明を参照）.

　こういった字源について，本格的かつ独創的な字典が白川静『字統』（平凡社，1984）である.『字統』は，

　　漢字の構造を通じて，字の初形と初義とを明らかにする「字源の字書」であり，その初形初義より，字義が展開分化してゆく過程を考える「語史的字書」であり，またそのような語史的な展開を通じて，漢字のもつ文化史的な問題にもふれようとする「漢字文化の研究書」である. 要約していえば，この書は，漢字の歴史的研究を主とする字書である.（「字統の編集について」本書の要旨より）

とあるように，字源，すなわち，「漢字の構造を通じて，字の初形と初義とを明らかにする」ことを目的の最初に掲げている. 白川の方法は，最古の文字資料である甲骨文・金文の字形観察を丹念に行うことから出発して，そこに当代の宗教的，呪術的背景を負うものと認め，字源を体系的に証明しようとしている点に独自性がある.

　甲骨文資料の観察によって，たとえば，『説文解字』に「王」を「天地人三才を貫くもの」と説いたり，「告」を「牛が人に口をすりよせて，告げ訴える形」とする説を退け，「王」は「玉戚の刃部の形で，玉座の儀器」，「告」は「木の枝につけた祝詞で，神に祈る祝禱」の意であることを，原初の文字の形より導き出している. この「口」の部分は，「凵サイ」が〈祝詞を収める器〉であることを明らかにしたうえで，これによって「告」字だけでなく，「凵サイ」を共有する「史」「右」「吉」の字群も解釈ができるとする.

　ただし，「道」について，

　　首と辵とに従う. 古文の字形は首と寸とに従うが，金文に辵と首と又とに従う形の字に作り，のちの導の字にあたる. 首を携えて道を行く意で，おそらく異族の首を携えて，外に通ずる道を進むこと，すなわち除道の行為をいうものであろう. 道を修祓しながら進み導くこと，それが道の初義であった.

と説くが，漢字に宗教的，呪術的なものを背景に負うものとする点については，実証が困難で見解の分かれる事例もある.

13.3　同じ系統の漢字

　会意や形声といった造字法による漢字は，単体の象形や指事の文字を組み合わせて作られたものであり，一つの漢字のなかにいくつかの要素を認めることができる．たとえば，「河」「江」「池」「海」「沼」はいずれも「氵（さんずい）」の形を偏にもっている点で共通しており，これらの漢字グループは，同じ《水》の意味を有している．このように，漢字の部首は意符を担っていて，漢字の意味を考える上で参考となる．この部首は，その位置によって偏旁冠脚に分かれることがあるが，同じ「山」を構成要素としてもつ「峰」「仙」「岩」「岳」などは，いずれの位置にあっても，やはり同じ意味を共有しており，その漢字の字源を考えるうえで参考となる．

　一方で，漢字には，類似した性状をもつ事物をひとくくりにして同じ発音を用いて表現する傾向がある．同じ音符を含む形声文字のグループは，原則として同じ基本義をもち，また，別のグループであっても，発音が近似していれば共通の基本義をもつ場合が多い．このような単語を「単語家族」（藤堂明保『漢字語源辞典』学燈社，1965 など）と呼ぶが，漢語の解釈に役立つことが多いので理解することが必要である．

　たとえば，「清」は，井戸水のように《澄みきった》水の意味であり，「晴」は太陽の出た，《澄みきった》空を表す．また，「精」は《澄みきった》米を表し，「請」は《澄んだ》目で物を言う意である．このように，「青」（呉音ショウ，漢音セイ）という音符を共有する形声文字の一群「清」「晴」「請」の諸字は，いずれも《澄みきった》という基本義を有していることが知られる．この同じ音符を含む形声文字のグループ（これを「諧声系列」と呼ぶ）とは別のグループに属する文字であっても，「晶」は「水晶」といった言葉があるようにこれも《澄みきった》という意味をもっている．さらに，夜空にきらめく「星」も《澄みきった》光を放つという点で通じるようにも見える．この「晶」や「星」もやはり呉音ショウ，漢音セイであって同じ音であることに気づかれるのであって，そうすると，音の近似している漢字群には共通の意義が認められるといえそうだということになる．

　同様に，「包」の形は，胎児を子宮のなかに《つつむ》姿を表したものだが，「泡」は空気を《つつむ》，「抱く」は《つつむ》ようにだく，「砲」は火薬を《つつむ》，

「袍」は体を《つつむ》衣であるので，これらの「包」字を共有する諧声系列は，共通の意義《つつむ》をもっている．しかし，これにとどまらず，「包」の音ホウと同音の「保」にも幼児のからだをおむつで《つつむ》意があり，「宝」も大切に《つつむ》宝物を意味していると理解される．さらに，類音の「表」（ヒョウ）も外側をすっぽり《つつむ》という意味が認められそうである．「単語家族」とはこういった漢字のグループを指す．

　このように，漢字の音と義との間には密接な相関関係が認められることがあり，こういった操作を通して，漢字の原義（基本義）がどういうものであったかと把握することによって，それぞれの漢字の意義の派生関係を解明することも可能になってくる．

　しかし，漢字の意味と発音との間には密接な関係が見られることは重視されるべきであるが，別の角度から注意しておきたいこととして，音符と見られる要素がその漢字の音とつねに同じであるとは限らないということがある．形声による漢字は，同じ音符をもつことで，その漢字の音読みを類推することができる場合の多いことは確かであるが，ときに異なることもあって，誤読をしてしまうおそれがある．

　たとえば，「謁見」の「曷」に引かれてカッケン（エッケンが正しい），「低迷」の「米」に引かれてテイマイ（テイメイが正しい），「破綻」も「定」の音によりハジョウ（ハタンが正しい）というように，誤って読んでしまうことがあるので，思い込まずに辞書を引いて確かめることが必要である．

　なお，漢字の構成法に倣って，日本でできた漢字がある．一般に「国字」と呼ばれるものであるが，これは，基本的に会意による造字であり，意符を組み合わせて作られる．

　たとえば，「榊」は，「神」に捧げる「木」であるのでこの二つの意味的要素を組み合わせて作られた．同じく，「峠」（「山」を「上」「下」するところ），「鰯」（「弱」い「魚」），「辻」（「道」が「十」字に交叉するところ），「凪」（「風」が「止」むこと）といったように，いずれの要素も意符であって，音符は含まれない．したがって，国字には訓読みのみあって音読みは存在しないのが普通である．ただし，たとえば，「働」のように，この字にはドウという音読みもある．これも本来は「人」が「動」くという会意による造字であるが，形声ととらえて「動」を音符と見たために生じることになったものである．

［山本真吾］

14 漢和辞典の字義の記述

14.1 字義の解説

14.1.1 字義の記述の順序

　漢字の意味（字義）の記述は，どのような順序になっているか，まず，おもな漢和辞典の「凡例」に拠って，実際の方式を確認しておく．

　諸橋轍次『大漢和辞典』では，「先づ主な訓義を」示し，細説する．音によって意義の異なる場合には，字音の下に分けて意味記述を行っている．さらに，仏教語や国訓の類は，別に示している．『広漢和辞典』では，「一字に多くの意味があるばあいには，本義から転義へ，歴史的に古い意味から新しい意味へと説明することを原則とした.」とある．また，仏教語，現代中国語，日本だけに行われる意味については，記号を付して区別している．さらに，『学研漢和大字典』は，「その漢字の成り立ちにもとづく原義を第一として，順次，派生義に及ぶように配慮した.」とある．

　以上のように，字義の記述はおおむね歴史主義を採っており，原義から派生義へと時代ごとに古い意味から新しい意味へと配列されていることが知られる．

　たとえば，『学研漢和大字典』から，「文」字について順次その意味記述の部分を抽出してみると，次のようである．

　①**あや**　きれいな模様．また，外面のかざり．②きれいにかざったさま．外面の美しさ．③**かざる**．表面をかざる．また，うわべを繕う．④**もじ**　もと，象形文字や指事文字のように，事物を模様のように描いた文字のこと．のち広く文字のこと．⑤**ふみ**　文字で書いた文章や手紙．▽詩文という場合の文は，散文のこと．文筆とあい対するときは，文は韻文，筆は散文のこと．⑥武に対して文をいい，文化や教養学芸など．転じて，荒々しくなく，おだやかなさま．⑦**たくみ**　じょうずにうまくかざってあるさま．⑧周の文王のこ

と.〔国〕①もん　イ　昔の貨幣の単位. 一文は一貫の千分の一. 口 足袋・
靴の大きさの単位. ②ふみ　手紙.（『学研新漢和大字典』では，③を二と
して別立てにする）

「文」の原義は，①〈模様〉であった. その〈模様〉が記号となり④〈文字〉
が生じた. さらに，この〈文字〉を綴った⑤〈文章〉の意味をもつようになり，
加えて，②〈きれいにかざった〉状態や③〈かざる〉動作から⑥〈文化〉〈教養
学芸〉の意味や⑦〈たくみ〉なさまを派生させた.

14.1.2　字義の区分

　字義の記述方式には，意味上の派生関係だけでなく，文法や字音，位相といっ
た観点からも区分が施されている. ここではまず，字義に関する文法上の扱いを
見ておく.

　『学研漢和大字典』の「凡例」には，「親字の意味を用法上から品詞に分類して
示した. そのさいの品詞の分類は，漢語の文法で一般に使われているものによっ
た.」と記す. 具体的には，以下の品詞を立てる.

　○《名》名詞，《動》動詞，《形》形容詞，《副》副詞，《助動》助動詞，《指》
指示詞，《前》前置詞，《代》代名詞，《疑》疑問詞，《単位》単位詞，《接続》接
続詞，《数》数詞，《感》感動詞，《助》助辞・接頭辞・接尾辞

　先の「文」字を例にすると，①《名》，②《形・名》，③《動》，④《名》，⑤《名》，
⑥《名・形》，⑦《形》，⑧《名》のように品詞名が示されており，ついで意味記
述が施される.

　ここで問題となるのは，②《形・名》，⑥《名・形》のような品詞が複数示さ
れるケースである. ⑥は，この意味項目の本義が〈文化や教養学芸〉の《名詞》で，
ここから「転じて」《形容詞》〈荒々しくなく，おだやかなさま〉となった関係を
示しているが，②の場合は，《形容詞》〈きれいにかざったさま〉，《名詞》〈外面の
美しさ〉と並記されていて，双方の派生関係は記されない.《形容詞》ととらえ
る場合，意味記述はこれに応じて〈～さま〉と記すか，日本語の形容詞の訓を与
えている. こういった事例は《名詞》と《動詞》との間にもしばしば見られる.
たとえば，「歎」の字義に「②《動・名》歌のさいごに声を伸ばして，調子を高
める. また，そのこと.」とあるような場合である. これも〈～. また，そのこと〉
と付記して《名詞》用法に対応させている.

このように，漢字漢語については，状態性や動作性の意味をもつ名詞の場合，一つの品詞に定めにくいケースがあり，複数の品詞名が並記されることになる．このようなことも関係してか，漢和辞典で品詞を記すものは必ずしも多くはなく，『大漢和辞典』『広漢和辞典』『角川大字源』等いずれも品詞名は記していない．その意味解説に「～こと」と結んで《名詞》，「～さま」と結んで《形容詞》，「～する」と結んで《動詞》であることを示すか，訓にこういった品詞に対応する和語を当てるなどといった処置を施すのが一般的なようである．

14.1.3　字音・位相による解説

これまで見てきたように，字義は，意味的観点を軸として原義から派生義までを配列し，辞典のなかには，漢文法に従って品詞を示し，その意味ごとに区分するものもある．

さらに，字義の解説には，字音によって意味の異なる場合があるときには，まず字音によって区分を行い，そこに字義をぶら下げる形で記述することがある．たとえば，「楽」字にはガクとラク（他にゴウ＝漢音，ギョウ＝呉音もある）の音読みがあるが，この字音の相違に応じて意味が異なっており，ガクは〈音楽〉（音楽を演奏する，楽器，歌手など）の意味，ラクは〈楽しい〉（楽しむ，愛する）の意味（加えて日本での意味〈たやすい〉など）で用いられるので，こういった場合には，字音ごとに字義を記述することになる．

さらに，特殊な位相の字義，すなわち，仏教語や俗語に特有の意味，日本側の意味変化によって生じた字義，現代中国語の意味などを注記する場合もある．

たとえば，仏教の経典に説く「我」字には，一般の意味以外に，〈自分のことに執着すること〉という特別な意味があり，「有」字には〈十二因縁の一つで，生死輪廻の根源〉という意味がある．このような意味は，特殊な仏教の専門用語であり，それと注記して示す．なお，このことは，裏を返せば現行の漢和辞典の多くは漢籍の字義を基本に据えていることを意味するのであり，漢籍読解に比重をおいて編纂されていることが知られる．

俗語の概念は必ずしも明確ではないが，敦煌変文や宋代以後の白話小説などの口語資料等に見える特殊な字義をいう．また，日本側での意味変化にともない，新たな字義が付加されることもあって，このような和化的要素にも留意しているのは漢和辞典の「和」たるゆえんである．さらに，最近の漢和辞典には，中国語

学習者にも配慮して現代中国語の字義を付加しているものもある.

　さらに,同・題・対 などの注記を字義解説の項目に付すこともある.『学研漢和大字典』「凡例」に「その漢字の意味に, 同義・反義・類義の漢字がある場合は,同・題・対の記号の下に, それらの漢字を示した.」とあるのに従い,「文」の例では,「①あや. 題 紋. …③かざる. 題 飾. ④もじ. 対 字. …⑥武に対して文といい, 文化や教養学芸など. 対 武.」がこれに当たる.

14.2　用例と出典

　国語辞典や古語辞典では, その語がたしかにその意味で用いられているという証拠を示すために,実際の使用例と典拠となった文献名を示すことが通例である.これと同様に, 字義の出所を示すために, 用例を挙げ, 出典名を記載することが漢和辞典でも行われている.『学研漢和大字典』「凡例」(九) 用例には「親字の意味の理解をたすけるために, 中国古典および, 日本漢文の中から用例を採録した.その場合, 原文に歴史的かなづかいで読み下し文をつけた.」とある. また,「凡例」の熟語 (六) 用例と出典でも,「(イ) 熟語の意味の理解をたすけるために,中国の主要古典および, 日本漢文の中から採録した用例を示した. その際, その熟語の典拠を示すために, たんに出典名のみを示したものもある. (ロ) その熟語の典拠である用例が熟語の見出しの形と同一でないものは, ▽の下にそのことを説明した.」とあって, 字単位というよりは, 文中で働く (熟) 語の単位で実際の使用例を示す方針を採っている. このうち, 日本漢文など, 日本の古典文から用例が引かれているものは概して中国古典には見えない語や意味で, 日本側で新たに生じたケースである.

　漢和辞典の場合, 時代やジャンルの上でどういった範囲の文献から用例を採録しているかについて必ずしも明言しておらず, その外延は明確でない. 中国古典はおおよそ漢籍と仏典に大別されるが, 漢和辞典においては漢籍が中心で仏典は補助的に取り上げるにすぎない. 漢籍は, 伝統的に「経・史・子・集」の「四部」に分類する方式が行われており, その主要なものは以下のとおりである. まず,「経」は, 儒学の四書(『大学』『中庸』『論語』『孟子』) 五経(『易経』『書経』『詩経』『礼記』『春秋』) を中心とした書物の類,「史」は『史記』『漢書』『後漢書』『三国志』以下の二十四史および『資治通鑑』『戦国策』といった歴史書の類,「子」は諸子百家と呼ばれる春秋戦国時代の思想家たちの書物で『墨子』

『韓非子』『老子』『荘子』『荀子』等,「集」はいわゆる文学作品であり,『文選』や杜甫・李白,『白氏文集』などの唐詩の類である. これらは, いずれも中国古典の代表的な書物であると同時に, 古来, 日本にも多大の影響を与えており, そういった文献から用例を採録している. 同様に, 仏教の教えを説いた漢訳仏典からの用例も, 日本に入ってよく読まれた経典を中心に採録され,『法華経』や『華厳経』『大日経』などの例がよく引かれる.

14.3　漢文訓読の語法

　漢和辞典に引かれる用例は, 中国古典文である漢文およびそれに準じた日本漢文であるが, 日本に入った中国の典籍は, 中国語で読まれることもあったが, 一般には訓読された. そこで, 用例にも訓点をつけて読み下せるようにして示すことになっている.

　日本の漢文訓読は, 外国語である漢文を読解するために, 原漢文にない日本語的要素を加えて日本語に読みかえる方式で, おもに語順を置換する返り点と, 活用語尾や助詞などを補うための送り仮名がある. ただし, 一般の漢和辞典では返り点だけで用例を示すことが多く, とくに学習用の場合には, 送り仮名等を加えたり, 書き下し文を添えるなどして読解の便宜をはかっている.

　この漢文訓読には独特のきまりや言い回しがあって, こういった語法に関する知識をある程度もっておくことも漢和辞典の用例を理解するうえで必要なことである.

　まず, 返り点には, 一字から一字に返るレ点, 二字以上隔てて返る一二点が基本であり, 一二点をつけた句をはさんで返るときに上中下点, さらに上中下点をつけた句をはさんで用いる甲乙点もある. 一(あるいは上)とレを組み合わせて用いることがあり, 二点にハイフン(合符と呼ぶ)「ー」がついているときには熟語で読むといったきまりがある. また,「不(ず)」「有(あ)リ」「可(べ)シ」「欲(ほっ)ス」「与(と)」「令(し)ム」などをとくに返読字と呼び,「未(いま)ダ〜ず」「将(まさ)ニ〜す」「当(まさ)ニ〜(べ)シ」などは再読字といって必ず返り点が必要になる字で注意される.

　送り仮名は片仮名で表記することが原則である. このなかでとくに注意が必要なのは, 副詞や接続詞, 助詞といった活用しない語にも送り仮名を施す場合があることである. たとえば, 豈=あニ, 況=いはむヤ, 能=よク, 乃=すなはチ,

遂＝つひニ，必＝かならズシモ，然＝しかレドモ，以＝もッテ，自（従）＝より，といった類である．逆に書き下し文には，置き字といって読まない助字もあり，文末の「也」「矣」「焉」「乎」や文中の「於」「而」「之」などである（ただし読む場合もある）が，これも書き下し文のきまりの一つである．

　さらに，漢文訓読の句法には特徴的なものがあり，否定形，疑問形，反語形，受身形，仮定形，限定形，比較・選択形，抑揚・累加形，感嘆形といった類であって，漢文の理解に必須のものである． 　　　　　　　　　　　　[山本真吾]

⑮ 漢和辞典と熟語

15.1　見出しとなる熟語（故事成語）

　漢字は一字一語が基本であるが，使用されているうちに漢字の組み合わせが熟して意味が慣用的に使用されるようになった2字以上の漢字の組み合わせを熟語とよぶ．

　熟語には，親字が最初につく語と，最後につく語がある．一般の漢和辞典では，親字が先頭につく熟語が親字の解説の後に記載される．大型辞書の場合，掲載熟語を別途一冊の索引としてまとめる場合もある（『大漢語林』『大漢和辞典』『広漢和辞典』）．親字が熟語の最後につく語は「後熟語」「逆引き熟語」などの名称でまとめて語形のみ示され，意味は記述されない．後熟語は熟語の語構成を知るのにも有益であるほか，脚韻を踏む漢詩の創作にもかつてはよく利用された．

　採録される熟語の範囲は，親字と同様，辞書の規模と基本方針によるところが大きい．最大規模の辞書である『大漢和辞典　修訂第2版』は熟語約50万語（注：補巻では約3万3000語余が増補されている．）の熟語をおさめており，中型の『大漢語林』（大修館書店），『大字源』（角川書店）は約10万語，小型辞書の『漢字源　第5版』（学習研究社）では約8万8000語，『新漢語林　第2版』（大修館書店）では約5万語，『全訳漢辞海　第3版』（三省堂）は約8万語，『五十音引き漢和辞典』（三省堂）では約3万語，『例解新漢和辞典　第4版』では約3万5500語（三省堂）と謳っている．市場では採録語数の多さが一般に歓迎されることから，収録される熟語は増える傾向にある．

　基本方針として，専門的か一般的辞書か，一般的辞書のなかでも中学生からを対象とした学習用か，また，中国語としての漢語と日本語としての漢語のどちらを重視するのか，現代語としての漢語をどれほど斟酌するのかなどの観点によって収録される熟語は変わる．

平易な熟語の場合，見出しとしては立てずに，親字の意味記述のなかで熟語の形のみ記し，その字の最後に「熟語」欄を設けて一括して挙げる場合もある．

種々多様な漢和辞書に共通して見出し語とされる熟語には，①中国の古典に見える語句・故事成語がある．故事成語とは「矛盾」や「画竜点睛」など，昔から多くの人に知られ引用される名句やことわざのうち，いわれがあるものを指す．

そのほか見出しとして挙げられる熟語には，②中国のおもな古典に見える固有名詞，③中国の近現代の語，④仏教の教典に見えるおもな仏教語，⑤日本のおもな古典に見える語，⑥日本の近現代のおもな文学作品に見える語，⑦漢字表記された和語，⑧日本の固有名詞，⑨漢字表記された外来語等さまざまである．

15.2　熟語の配列と読み

配列の仕方にはおもに以下のような方法がある．

（1）2字目の漢字の総画数順

（2）2字目の漢字の一般的な音読みの五十音順

（3）1字目の五十音順

（4）その他

①親字の意味によって分類，配列　②語種（字音語，和語，外来語）によって分類，配列　③熟語の字数順に配列

（1）の総画数順はかつて主流であった方法であり，現在では（2）が比較的多い．上述のいずれかの基準で配列して，同画数・同音等であって区別がつかない場合，第二基準で配列，それでも重なる熟語の場合は第三基準で配列される．このことは，辞書によって熟語の配列がかなり違ってくることを意味する．表1は2種類の配列法の組み合わせで熟語を配列した3種類の辞書の熟語をモデルとして示したものであるが，まったく違った配列になっている（注：もとの辞書では見出しの熟語がすべて共通するわけではないので，熟語と読みを適宜入れて手を加えた）．

熟語の配列には読みの問題も関連する．第一に仮名遣いである．現在出版されている漢和辞書はほとんど現代仮名遣いを採用している．（注：『大漢和辞典』は歴史的仮名遣いで配列されているが「語彙索引」は現代仮名遣いによる．）第二に複数の読みをもつ語の問題がある．表1では「一寸」を「イッスン」「ちょっと」のどちらの読みで掲出するかという問題があり，その結果，配列が変わっている．

表1　熟語の配列基準の組み合わせと配列のモデル

	ア	イ	ウ
第一基準	2字目の総画数順	1字目の五十音順	2字目の五十音順
第二基準	2字目の字音の五十音順	2字目の総画数順	2字目の総画数順
配列モデル	一丁字 一刀両断 一寸 一切 一角（いっかく／ひとかど） 一炊之夢 一服 一部 一幅 一期（いっき／いちご） 一期一会 一攫千金	一期一会 一部 一攫千金 一期（いっき） 一切 一炊之夢 一丁字 一刀両断 一服 一幅 一寸（ちょっと） 一角（一廉）（ひとかど）	一角（いっかく／ひとかど） 一攫千金 一期 一期一会 一切 一炊之夢 一寸 一丁字 一刀両断 一部 一服 一幅

　第三に，熟語の意味によって相違する読みの問題がある（15.3節参照）．第四に訓読の問題がある．「適意」という熟語に，「てきい」「せきい」のほか，「いにかなう」という読みが記されている場合がある．「いにかなう」と読めるのは返り点がある場合である．同様の熟語に「背任」（はいにん／にんにそむく），有隣（ゆうりん／となりあり）などがある．返り点によって読みの語順がかわるが，漢和辞典では漢字の語順で配列される．また，故事成語などは漢文の訓読がそのまま熟語の読みとして挙げられる．「不入虎穴不得虎子」は「こけつにいらずんばこしをえず」が熟語の「読み」欄に示される．熟語は基本的に親字を最初にもつ語であるが，この場合は「虎穴」を基本熟語と考えて，親字「虎」の項目の「虎穴」に派生語として置かれることが多い．漢文訓読をそのまま熟語の読みとして挙げるのは漢文学習を基とした漢和辞典ならではの措置であるが，一般の配列基準と相違することもあるため，注意が必要である．

15.3　熟語の意味記述

　基本的には親字の意味記述の方針に拠っている．記述の順番は熟語の原義に近い順に意義を記述する方針をとる辞書と，使用度の高いものから列挙，または優先的に挙げる辞書がある．たとえば「司書」という熟語はもともと，①「周代の

会計の簿記を担当した役，今の書記」という意味がある．しかし，現在では，②「図書館などで，書籍の整理・保存，閲覧などの仕事に携わる職員」の意味で使用される．①，②のどの順番で挙げるか，どちらかのみ挙げるか辞書の立場によって変わることになる．

　意味記述の並べ方にも並列式に挙げるか（例1），意味の大きなまとまりごとに重層式に挙げるかという違いがある（例2，例3）．

　また，同じ漢字の熟語でも読みが相違しており，その読みが意味の違いを反映する場合がある．たとえば「大家」は「タイカ・タイコ・おおや」という3種類の読みがあり，それぞれ指し示す意味が違う．このような場合，最初に読みを一括して掲出する辞書と，意味ごとに読みを付し，意味のまとまりと読みの関係を示そうとする辞書がある．

　例1　大家　①─④タイカ⑤タイケ⑥⑦タイコ⑧おおや

　①学問芸技が特にすぐれた人②大きな家③富貴の家．身分の高い家．勢力のある家．名門．左伝，昭五「皆──也」④皇帝⑤金持⑥しゅうと⑦女の尊称⑧家主．貸家・貸間の貸し主．（『新明解漢和辞典　第4版』）

　例2　大家　［（一）④大戸タイコ］（一）タイカ①それぞれの専門の分野ですぐれた人．②大きな家．③身分の高い家柄．④金持の家▷タイケとも読む．⑤［俗語］みんな．みなさん．（二）タイコ　女の尊称．（三）おおや　［日本］①貸家の持ち主．家主．②おもや．（『漢字源　第4版』）

　例3　大家　（一）タイカ①大きな家屋．（書・梓材）②豪族．（塩鉄・復古）③宮中で，側近や皇后が天子を呼ぶ語．（独断）④名高い作家・専門家．⑤みんな（二）タイコ　①婦人の尊称．②しゅうとめ．大姑タイコ．（三）タイケ［国］格式の高い家．裕福な家．（四）おおや［国］貸家の持ち主．（『漢辞海　第3版』）

　上の意味の記述中，古典漢籍での意味ではない日本で派生した意味については「日本」「国」等の記号を付されている．これらの区別は最近の漢和辞典が積極的に取り入れるようになったものである．現代中国語の意味用法も注記される傾向にある．その他には類義（16.1節参照）や仏教語等専門分野に関する注記，俗語という位相に関する注記，近世語といった時代に関する注記（15.4節参照）もある．用例も挙げられるが，小型辞書ではスペースの都合上，部分的，または出典のみを記載するものが多い．

15.4　熟語の使用分野

　熟語の意味記述の欄に「仏教語」「俗語」「近世語」といった熟語の使用分野に
関する注記がされることがある.

　「仏教語」は仏教に関する語であるが, 日本語で一般に使用されている意味と
相違することも多い. たとえば「化身」は仏教用語としては「衆生 (シュジョウ)
を救うため神仏が人間の姿に形を変えてこの世にあらわれた, その形, 神仏の生
まれかわり」(『新漢語林　第2版』) であるが, 日本では「芝居で, 妖怪 (ヨウ
カイ) (ばけもの)」(『新漢語林　第2版』) をいう. 仏教語は梵語を音写したもの
もある.「旦那」は「与えること」を意味する梵語のダーナ (dāna) から来た語で,
仏教語としては,「布施 (フセ). また, 寺や僧に寄附する人を, 僧が呼ぶことば.
施主.」であるが, 日本においては「商家で店員が男の主人を, 商人が男性の客を,
また, 妻が夫を呼ぶことば」(『漢字源　第2版』) と変化した. 一方, 国語辞書
に挙げられる仏教語でも漢和辞典には未採録の語があることも指摘されてきた.
たとえば,「しょっちゅう」の語源であるともされる「初中後 (しょちゅうご)」
などがその一例である (萩原, 2012).

　その他, 従来, 古典漢籍を読むために編纂されてきた漢和辞典は, 古典漢籍に
出現しない漢語を「俗語」として区別する.「俗語」の範囲ははなはだ広く, 一
般的には, 正式の詩文に出現しない語, 近世以降に意義が派生した語, 白話語彙
(注：文語に対していう. 話し言葉をベースにした書き言葉. 一般には唐末・宋
のころから清代に至るまでの当時の話し言葉に基づく文体を指し, さらに現代の,
口語を基礎にして形成された書き言葉のひとつをいうこともある), 話し言葉,
現代中国語等が「俗語」とされることがある.

　近世以降に使用されるようになった語や新たに意義が派生した語については
「近世語」という注記を採用している辞書もある.「俗語」は多様な位相的意味を
含むが「近世語」は時代に拠った定義である.

　中国語の時代区分としては, 一, 上古漢語 (紀元前6世紀以前), 二, 中古漢
語 (紀元後6世紀末), 三, 近古漢語 (11世紀前後), 四, 早期官話 (14世紀前後)
のカールグレンによる字音変遷の観点からの四期説が主流であったが, 語法変化
の段階をふまえた区分として, 一, 上古漢語 (〜紀元前後), 二, 中古 (中世)
漢語 (1〜7世紀), 三, 近代 (近世) 漢語早期 (7〜10世紀), 四, 近代 (近世)

漢語中期（11〜14 世紀），五，近代（近世）漢語後期（14〜18 世紀中葉），六，現代漢語（18 世紀中葉〜現代）という区分もある（注：『漢辞海』附録「中国古典の文体・詩律」1656 頁）．その他，キリスト教，儒教，道教，法律，政治，文法，医学，音楽，論理学，物理学，化学，哲学，心理学，気象，生物，刑罰，天文，数学，地学，語学，方言，軍事，鉄道等の専門分野に関する注を付す場合もある．　　　　　　　　　　　　　　　　　　　　　　　　　　　　　[田鍋桂子]

参考文献

萩原義雄（2012）「漢和辞典の歴史と現在」『日本語学』31-12（特集　漢和辞典の新展開）

16 漢和辞典のそのほかの情報

16.1 類義の書き分け

　語形が異なっていても意義特徴がほぼ同じである語を類義語（synonym）という．漢字の見出しに対して，一種の翻訳，いいかえとして付された訓も日本語のなかでの別の語種による類義関係といえるが，ここでは漢和辞典のなかの親字・熟字間の類義を取り上げる．漢和辞典における類義語は一般に伝統的な漢文のなかでの漢字の書き分け（使い分け）を指す．

　漢和辞典では親字の字義欄に「類義」という注記のほか，「同義」，「対義」，「反義」なども示されることがある．「＝」や「⇔」といった記号の場合もある．一般的に類義は同義も含んだものを指すが，漢和辞典では「同義」を別に注記する場合も多い．「同音同義」という，同じ音をもち意味もほとんど同様の語を注記する辞書もある．「同義」は同音のもの，または同音に近いもの，もしくは熟語の場合は上下の漢字入れ替わっても同義と認定したものに限るとする辞典もある．これらの語は対応する語に対して相互に関連する意味領域にある語でもある．

　　大　【一】①おおきい（おほいなり）．おおきさ（おほきさ）○対　小（略）【二】
　　はなはだしい．○同　太（『角川新字源　改訂版』233頁）

　上のような記述法の場合，「同義」「対義」とされた語の書き分け（使い分け）については別にひきなおす必要がある．漢和辞典のなかには，学習用辞典を中心に，一部の類義の漢字の書き分けについて解説したり，その漢字を用いる熟語を表にまとめたり，巻末に別途一覧にするなど，わかりやすくするための工夫を凝らしている．類義として掲出される字も辞書によって違うこともあるので引き比べる必要もある．

　例1　大　類義　巨は，端から端までが長い．尨は，むくむくとふくれて大きい．
（『漢字源　第5版』）

例2　大　使い分け（□かっこ）

　　タイ［大・太］

　　［大］比較的大きい.「大国・大木」

　　［太］絶対的に大きい.「太古・太陽」（『新漢語林　第2版』）

例3　おおきい

〔大〕　×小. 事物の広大，衆多，長遠なことをいう

〔丕〕さかんなさま，多くほめことばに用いる「―績」

〔介〕＝大

〔巨〕〔鉅〕×細. 多くは形の大きいものをいう.「―漢」

〔宏〕広く大きい意「―遠」

〔洪〕×繊. 大水の義で，おおいに盛んなさま.「―大」

〔恢〕からりとして大きい意「―弘」

〔浩〕水のひろびろとして深いさま，広く豊かな意「―恩」

〔偉〕からだつきの大きくりっぱな意「―丈夫」

〔碩〕大頭の義で，すぐれて大きい意「―学」

〔蕩〕ゆったりと大きい意「浩―」

〔鴻〕＝洪. 大鳥の義で，大きい意「―恩」（『新明解漢和辞典　第4版』）

　類義語は，日本語の訓の観点から意味を整理した異字同訓（16.2 節参照）と概念的には区別されるが，漢字の意味を翻訳したものが訓であることから，訓が同じで漢字が違う異字同訓も，いわゆる類義に含まれる場合もある.

　一方，古典漢文における漢字の意味の書き分け（類義）と，同じ訓をもつ漢字の書き分け（異字同訓）という用語は固定したものではなく，辞典によって「異義同訓」，「使い分け」等他の用語を使用していることもあるので，凡例をよく読んで確認する必要がある.

　漢和辞典で類義とされる語が，もとの漢文のなかでの漢字の意味の違いのみを反映しているものか，日本語のなかでの使い分けをも反映しているものかの判断は難しい. 漢和辞典内での情報では，日本独自の意味であることを示す表記や用例など語の使用分野に関する注記（15.4 節参照）が参考になろう. その他，漢字の基本的な意味の共通イメージという点から考えると，13.3 節の「単語家族」に関する情報も広い意味での類似の意味に関する情報ともいえる.

　また，対立させて用いた場合は，語の意味に対立の意味が生まれるが，対立させず，また対立を意識しないで用いる場合は同様の意味となる．これを「対異散同」という．たとえば，「君子周而不和，小人比而不周」(『論語』為政)（訳：君子は公正な交わりをするが私的な仲間を組まない．小人は私的な仲間を組むが，公正な交わりをしない．）のように，「周」と「比」を対立して用いた場合，前者は善い意味，後者は悪い意味で使用されうる．個別に用いたときは「仲間をつくる，親しむ」というほぼ同様の意味となる（西田，2004）．

16.2　異字同訓

　異字同訓とは，漢字は異なっているが，訓読みが同じで類似の意味をもつ漢字である．もともとは外国語であった漢字に対する日本語の翻訳が訓であり，「異字同訓」は類義の漢字に対して同じ翻訳語をあてたために起こった．和語は漢字に比して意味範囲が広く，異字同訓の問題が多く起こる．

　漢和辞典における異字同訓は，これらの使い分けを論じたものであるが，現代日本語と古典漢文のなかの意味のどちらに重点を置くかで辞書によって解釈が多少違う．

　古典漢文のなかの使い分けを主とする辞書では古くから伊藤東涯の『操觚字訣』(注 1) などがあるが，熟語の用例から帰納した解説を挙げる辞書（例 1）や，字の原義のうえから解説を試みる辞書（例 2）もある．

　現代日本語における漢字の意味の使い分けを主とする場合は，「「異字同訓」の漢字の用法」(1972)(注 2)，「「異字同訓」の漢字の使い分け例（報告）」(2014)に拠って常用漢字表の音訓内での日本語の使い分けを説く場合が多い（例 3，例 4）．

　また，伝統的な古典漢文のなかでの用法を「異字同訓」（「異義同訓」とも）する辞書も，現代日本語での漢字の使用法もあわせて解説したり（例 1），「使い分け」等別の名称で説明を付す場合もある．

　例 1　〈同訓異義〉たたかふ（たたかふ）〔戦セン〕武器をとって争う．勝負する．「善戦」〔闘トウ〕相対して切り合ったり組み打ちしたりする．転じて広く，たたかう意に用いる．「格闘」■現代表記では多く，勝敗をはっきりさせるために争う場合には〔戦〕，相手の力につぶされないように立ち向かう場合には〔闘〕を用いる．「優勝候補と戦う」「病気と戦う」(『大漢語林』)

例 2 （同訓異字）【たたかう】

鬥 戦 （戰） 撃 （擊） 闘 （鬭）

「鬥」は手でたたかいあらそう形．卜文では，つかみ合う人の形に作る．「戰」は單（単）と戈．單は上に長い羽飾りをつけた楕円形の盾（たて）．左に盾をもち，右に戈（ほこ）をもつ．いわゆる干戈（かんか）．戦う意となる．「擊」は「殸」（げき）声．「殸」は「叀」（けい）（「橐」（ふくろ）の形）に入れたものを撃つ形．さらに手を加えて打撃の意を示す．「鬭」は形声の字．「斸」（たく）は左に剞（く）りこみのある盾．右に斤（まさかり）をもち，もと盾を雕飾する意．鬥に配して，戦うことをいう．（『字通』）

例 3 コラム 同一の訓をもつ漢字

たたかう （戦・闘）

「戦う」は「戦争する．勝ち負けを争う」の意．例 「敵国と戦う」「選挙で戦う」「優勝をかけて戦う」

「闘う」は「困難などを克服しようとする」の意．例 「労使が闘う」「難病と闘う」「暑さと闘う」

注：ともに「叩き合う・争う」意で用法も似ているが，「戦う」のほうをより広義に用い，「闘う」は「格闘する」意に限定して，比較的小さな争いに用いられることが多い．また比喩的に，見えないものとの精神的な「争い」にも「闘う」を用いる．（『三省堂五十音引き漢和辞典』）

例 4 「『異字同訓』の漢字の用法」

たたかう 戦う―敵と戦う．闘う―病気と闘う．（国語審議会漢字部会参考資料）

16.3 難 読 語

複雑な読みの語を「難読語」という．漢和辞典では，親字の解説の後や熟語の最後に 2 字以上の熟語で親字を頭にもつ語が「難読語」としてまとめて挙げられることが多い．一般に，熟語として立項されなかったもののなかで，読みの複雑な熟語が難読語として挙げられている．音読みの漢語の場合，漢音・呉音・唐音のほか，慣用音など複数の読みがあり，「人間」は「ジンカン」と読むと「人が住む世界」，「ニンゲン」と読むと「人」の意味になる．このように読みによって意味が変わる語が熟語欄に見出しとして立てられ，読みと意味が記されることも多い．何が難読語とされるかは，それぞれの辞典の熟語の立項方針に拠る．

「難読語」とされることが多い語に，当て字，熟字訓の用法がある．当て字とは，「目出度い（めでたい）」や「矢鱈（やたら）」，「合羽（カッパ）」，「聖（セント）」，など，漢字がもっている原則的な意味または発音によらず，漢字が語の表記に用いられたものである．「五月雨（さみだれ）」，「海苔（のり）」，「心太（ところてん）」など，意味に類似点があるところから，漢字の音訓に関係なく，ある漢字の熟語やそれに準じた漢字の2字以上の組み合わせで一語を示したものを熟字訓と呼び，当て字の一つともされる．しかし，漢和辞典は伝統的に古典漢文の漢字漢語に重点が置かれ，日本語としての漢字の使われ方，ことに古典に出現しない，比較的時代が新しくなって使用されるようになった語は取り上げられにくいため，当て字や熟字訓は多くは掲出されてこなかった．最近では日本語としての用法を積極的に記載したり，または中国古典漢文の語との区別を明示したりする漢和辞典が多くなってきて，このような熟語も難読語としてとりあげられるほか，見出し語として採用する辞典もある．

　その他，難読語とされるものには，固有名詞の類がある．「天生（あもう）」・「天海（あまかい）」・「天羽（あもう）」などの日本の姓，「倶多楽（くったら）」・「有芸（うげい）」などの日本の地名，また「虎魚（おこぜ）」・「虎杖（いたどり）」などの動植物名なども複雑な読みをもつ語がある．固有名詞も上述の当て字，熟字訓が見られるが，人名や地名のみを「難読語」として掲出している辞典もあれば，人名を難読語としてではなく，「姓」「名乗」「名前」などとして，別項目で解説する場合もある．

　いずれにしても日本語独自の漢字の使われ方が多く見られる項目であり，辞典によって認定の範囲が異なるものである．

16.4　索　　　引

　索引は漢和辞典の情報の在処を示した，辞書を引くときのいわば入口である（注：佐藤（2012）では一覧性，択一性，親和性から漢和辞典の検索を検討している．）「利用法」「構成ときまり」「この辞典の引き方」等の凡例にその辞書の索引の種類と使い方が記載されている．おもな索引には，①部首索引，②総画索引，③音訓索引がある．

　①部首索引は，画数順に並べられた部首ごとの掲載ページが記されたもので，索引の便のため，表・裏見返しに見開きで記載されることが多い．②総画索引は，

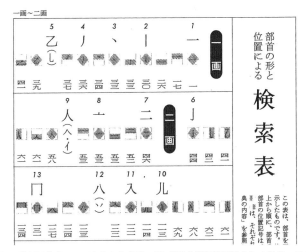

図 1　学習用辞典での工夫された索引の例（『現代漢語例解辞典』小学館，2010）

辞書に掲出されている親字のすべてを画数の昇順に並べ本文での掲載ページを示したものである．画数が同様の漢字の場合は部首順に配列されている．③音訓索引は，親字のおもな音訓を五十音順に並べたもので，訓を平仮名，音を片仮名で記すといったように，読みを文字種で区別させて示すのが一般的である．

　部首や総画数は辞書によって相違する場合もある（10.2.2, 10.2.4項参照）．「臣」が総画数六画なのか七画なのか，「並」の部首は「一」，「立」なのか，「丷（そのいち・そいち）」という新しい部首に入れられているのかなど，辞書によって違うことがある．このような場合，佐藤（2012）が指摘しているように，新旧どちらの情報からでも漢字を求められるように両方の箇所に重出させるものがほとんどである．

　部首，総画，音訓の索引は，漢字に習熟していない場合には使いこなすことが難しい場合がある．読みがわかっている場合は音訓索引を使用するのが最も便利である．部首索引も，部首の形だけではなく位置から引ける索引や，起筆部の点画特徴によって部首を引けるようにした索引など，学習用辞典ではそれぞれ工夫をこらしている（図1）．凡例をよく確認することが必要である．

　その他の親字検索法としては，四角号碼索引がある（図2）．中国の王雲五が考案した漢字検索法で，漢字の四隅の形によってそれぞれ0から9までの番号（号碼）におきかえ，漢字1字を4桁の数字で表し，番号順に配列する方法である．

番号	筆 名	筆 形	字 例	説 明
0	頭 (点 一 ナベブタ)	ー	言 主 广 疒	独立の点と独立の横線とが結合したもの。点と一と合したもの、いわゆるナベブタ形。
1	横 (ヨ コ)	ー ✓ し ⟍	天 土 地 江 元 風	横線。左下からのハネ（地、江の左下すみ）や、カギハネ（元、風の右下すみ）を含む。
2	垂 (タ テ)	｜ ノ ｜	山 月 千 則	垂直のタテ線（｜｜）。右上からのハネ（ノ）を含む。
3	点 (テ ン)	ヽ 丶	宀 礻 一 厶 之 衣	点と捺（ヒッパリ）。乀の末筆もこれに入れる。
4	叉 (交 + 錯)	十 乂	草 杏 皮 刈 大 封	二線が交錯するもの。
5	挿 (ヌキ〔貫〕 ツラヌキ)	扌 丰	打 戈 丸 邦 申 史	一線が他の二線以上を貫いている場合。中・羊・書などの中央タテ線もこれに入れる。

図2　四角号碼索引の例（『大漢語林　語彙総覧』大修館書店，1992）

中型・大型辞典には記載されているが，日本ではそれほど一般的ではない．

　親字以外の情報の索引としては，故事成語・成句や四字熟語，書名，人名，部首名，異字同訓などを別途まとめている場合もある．　　　　　　　　[田鍋桂子]

注

注1　『操觚字訣』は江戸中期の語学書．宝暦13年（1763）序，安永2年（1773）改編．明治12〜18年（1879〜1885）に刊行された．同訓異義の漢字の用例と差異を示す．

注2　「「異字同訓」の漢字の用法」は国語審議会漢字部会の作成による．「当用漢字改定音訓表」の審議（第80回国語審議会総会（1972.6.28））の際の参考資料で，答申には含まれていないが，表記の基準として広く使われてきた．「改定常用漢字表」（2010.11.30告示）においても，追加された字種・音訓に関連する異字同訓の用法について，1972年の参考資料にならい，文化審議会国語分科会が追加資料を作成し，両者をまとめたものが「「異字同訓」の漢字の使い分け例（報告）」（2014）である．

参考文献

内田伸子他（2014）「特集　異字同訓とは」『日本語学』33-10
佐藤貴裕（2012）「辞書史からみる近年の漢和辞典」『日本語学』31-12
西田太一郎（2004）『新訂漢文法要説』朋友書店

国語審議会（1972.6.28）「異字同訓」の漢字の用法（第80回国語審議会参考資料）

http://www.bunka.go.jp/kokugo_nihongo/sisaku/joho/joho/kijun/sanko/yoho/pdf/yoho.pdf

文化審議会（2010.6.27）「異字同訓」の漢字の用法例（追加字種・追加音訓関連）（文化審議会
　　答申「改定常用漢字表」に付された参考資料）

　　http://www.bunka.go.jp/kokugo_nihongo/sisaku/joho/joho/kijun/sanko/yohorei/pdf/
　　yohorei.pdf

文化審議会（2014.2.21）「異字同訓」の漢字の使い分け例（報告）文化審議会国語分科会
　　http://www.bunka.go.jp/seisaku/bunkashingikai/kokugo/hokoku/pdf/ijidokun_140221.
　　pdf#search=%27「異字同訓」の漢字の用法%27

⑰ 辞書の歴史と分類

17.1　辞書のはじまり

　辞書は文字の誕生とともにその萌芽が見られる．紀元前 3400 年ごろに古代メソポタミアにおいて文字が誕生したと考えられているが，ウルク遺跡（ユーフラテス川の下流にある）からはシュメール語（膠着語の一種）の語彙リストが楔形文字で書き記された粘土板が発掘されている．それは，さまざまな日用品名，動物名，職名などの文字表記を知るためのテキスト，いわば表記辞典とでもいえるものである．書記官は行政における文書作成のために専門的な書記法に習熟する必要があり，世襲されていったと考えられる．このように，文字が出現したことによって，文字表記を知るための辞書が作られることとなった．

　紀元前 2350 年ごろ，シュメール人を駆逐してアッカド王朝が建国されるが，行政のうえで文字は不可欠であり，引き続きシュメール語の文字，すなわち楔形文字を使用することとなった．アッカド語はセム語系（ヘブライ語・エチオピア語・アラビア語など）であるので，言語の系統を異にするシュメール語の文字で書くにはさまざまな困難があり，その楔形文字による表記を習得するために，シュメール語とアッカド語の二カ国語対照単語集が粘土板で作成された．それは，法律，樹木，陶器，皮革，金属，動物，人体，植物，地理，飲食物などの意味分類でまとめられたもので，後にはアナトリアやシリア北西部ではさらにそれぞれの言語の単語を添えた三カ国語以上の辞書も作成された．このような二言語辞書は，中世までラテン語との二言語対照などという形で長く引き継がれていった．一方，一言語辞書は，1604 年に英英辞典である『アルファベット一覧』がロバート・コードリーによって出版されたのが最初である．

　ちなみに，一定の配列順ということでいえば，ウガリト（現在のシリア）の遺跡から紀元前 1400 年ころのものという，30 個の文字を一定の順序で並べた楔形

アルファベットが発見されている.

17.2 古代中国の辞書

　古代ギリシアでは，言葉を定義づけ分類し体系化することが進められたが，紀元前200年ごろ，アリストファネスは類語辞典のように意味の類似した単語をひとまとめにした『単語集（レクセイス）』を編集している．同じころ，中国でも最古の辞書『爾雅』が編集された．これは，紀元前2世紀ごろ前漢の学者たちが経書，とくに詩経に見られる古語を，用法や種類別に釈詁・釈言・釈訓などというように19に分類整理したものである．その後，中国ではさまざまな辞書が発達するが，中国語では原則として漢字が語に相当することから，一定の配列基準が求められる辞書では，漢字の形音義という側面が分類基準とかかわることとなる．古代中国の辞書は，次のように大きく三つに分類される.

①字書（字形によって部首分類するもの）
　　『説文解字』（100年ごろ，許慎．9353字を540に部首分類したもの）
　　『玉篇』（543年，顧野王．1万6917字を542に部首分類したもの）

②韻書（字音によって韻分類するもの）
　　『切韻』（601年，陸法言ら．反切に基づいて193韻に分類したもの）
　　『広韻』（1008年，陳彭年ら．反切に基づいて206韻に分類したもの）

③義書（漢字や字句の意味によって，部門に分けて分類するもの）
　　『爾雅』（紀元前2世紀ごろ，詩経などの古語を19に分類整理したもの）
　　『釈名』（後漢の劉熙．物の名，字義などを27に分類整理したもの）

このほか，書物とかかわって作成された辞書の類も編集されている.

④類書（多くの書物から類似の表現を収集して分類するもの）
　　『芸文類聚』（624年，欧陽詢ら．46の部門に詩文を抄録したもの）
　　『太平御覧』（983年，李昉ら．55の部門に詩文を抄録したもの）

⑤音義（特定の書物のなかから難解な字句を順に抜き出し，その発音・意味を注記するもの）
　　『経典釈文』（唐の陸徳明．14の主要経書の字句を解説したもの）
　　『一切経音義』（648年ごろ，玄応．454の仏典の字句を解説したもの）

　このような古代中国の辞書に大きな影響を受けて，日本でも辞書が編集されるようになる（第18章以降参照）.

17.3　辞書の分類

辞書の三分類

　辞書の分類として，「辞典」「事典」「字典」という内容による三分類は，一般的通念としてなじんでいるものである.

　①辞典……語句の意味内容や用法を記述したもので，国語辞典や対訳辞典がその代表である．コトバ典ともいう.

　②事典……事物や事柄を表す語について解説したもので，百科事典がその代表である．コト典ともいう.

　③字典……漢字に関するものでは漢和辞典がその代表である．モジ典ともいう.

　ただ，現代の国語辞典にはこれらの内容を1冊に盛り込もうとする傾向があり，このような分類基準は相対的なものにすぎなくなっている.

　このほかにも，辞書を用いる目的によって表1のように分類される.

見出しと配列

　配列の基準となる見出しの性格に関しては，大きく文字によるものと，意味によるものに分けられる.

　文字によるものは，見出しの文字体系に応じて配列の基準もさまざまで，日本語辞書についてみると，表2のように三つに大別される.

　意味によるものは，シソーラスや類語辞典がその代表的なもので，大きな意味区分のもとに，さらに意味を細分化して何層にも下位のレベルを設定するという方式によって語が配列される．意味の類似した語がまとめられていることから，関連させて参照できる点で実用的でもあり，意味分類によってコード番号が付与されていることもある.

　また，『現代用語の基礎知識』に典型的であるように，専門分野や意味の領域を基準にして掲出語を配列することもある．さらには，季節によって大きく分類する「歳時記」などもある.

日本語辞書の分類

　記号としての言語を見出しとする辞典を言語辞書と称すると，それには，一言語を対象とするもの（一言語辞書）と，二言語，または三カ国語以上の言語を対象とするもの（多言語辞書）とに大別される（図1）．そして，日常普通に用いられる語を普通語といい，それらを見出しとする辞書を「普通語辞典」という.

表1　辞書を用いる目的による分類

目的	具体的な行動	おもな辞書
読むため	文字（漢字）から読み，または意味を求める	漢和辞典
	語の読みから意味を求める	国語辞典
書くため	意味から語，または文字を求める	表現辞典
	語から表記すべき文字を求める	国語辞典　用字辞典

（上田万年・橋本進吉（1916）『古本節用集の研究』を参考にして作成した）

表2　見出しの文字体系による分類

見出しの文字体系	配列の基準	おもな辞書
漢　字	総画数順　部首順	漢和辞典
	字音の五十音順　韻	
仮　名	五十音順　イロハ順　ABC順	国語辞典　百科事典
ローマ字	ABC順　五十音順	和英辞典

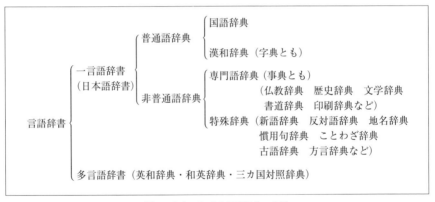

図1　日本における言語辞書の分類

これに対して，専門語や同じ性質の語だけを取り出して編集した辞典（非普通語辞典）がある．

　日本語において普通語を網羅的に見出しにしたものが国語辞典である．日本における普通語辞典は大槻文彦の『言海』（1889～1891）に始まる．一方，普通語を含む日本語の語彙や表記などに関する情報を中心に，漢字を親字として説明したものが漢和辞典で，これは「字典」とも称される．

　他方，非普通語辞典には大きく分けて，専門語辞典と特殊辞典がある．

　専門語辞典は，主として用語（学術研究や専門性の高い分野においてとくに用いられる言葉）を見出しとするもので，その学問分野によって仏教辞典・歴史辞典・文学辞典・医学辞典など，技芸に関する分野では書道辞典・音楽辞典など，また，専門性の高いものには印刷辞典・鉄道辞典などがある．これらは内容上「事典」と題するものも多く，百科事典は，各方面の用語を広く収めたものをさすほか，特定の専門分野に関連する事項なども含めて総合的に編集した辞書に対していうこともある．

　特殊辞典は，同じ性質の語（専門用語を除く）だけを取り出して編集したものをいう．これにはさまざまな編集方針に基づくものがあり，漢語・外来語という特定の語種を対象とした漢語辞典・外来語辞典，固有名詞を対象とした地名辞典・人名辞典，特殊な語形を見出しとすることわざ辞典・慣用句辞典，ことばの意味や発音，由来に関する類義語辞典（類語辞典）・反対語辞典，アクセント辞典，語源辞典，新語辞典・隠語辞典などがある．

　また，いつの時代に用いられた語か，どの地域で用いられた語かというように，特定の時代・地域の言語を取り上げる場合もある．

　　　特定の時代を見出しとする……現代語辞典・古語辞典・時代語辞典

　　　特定の地域を見出しとする……方言辞典

　このほか，その大きさによって大型辞典・中型辞典・小型辞典，また，大辞典・小辞典などと呼び分けることもある．ただし，それぞれの基準は必ずしも明瞭ではない．また，大型の辞典はさまざまな語彙を見出しとしていることから，総合辞典と呼ばれることもある．さらに，携帯に便利であることをうたう場合に，袖^{しゅうちん}珍辞典・ポケット辞典などと呼ぶこともある．　　　　　　　　　　[沖森卓也]

18 古代・中世（前期）の辞書

18.1 奈良時代以前の辞書

　日本最古の辞書は，『日本書紀』によると，682年に境部連石積らが編集した『新字』とされているが，これは現存せず，内容が不明である．あるいは，漢字の字体に関する字書かともいわれている．木簡では，北大津遺跡（滋賀県大津市，7世紀後半）出土のものに漢文の字句の一部を取り出し，万葉仮名で訓読を記した音義のようなものが見える．また，観音寺遺跡（徳島市国府町，7世紀末）出土のものにも，「椿」に対して「ツ婆木」と記した字書らしい記載も認められる．これらのことから，7世紀後半には音義や字書の一種も編集されるようになっていたと推測される．

　奈良時代の辞書には，和訓や漢文注などからなる『楊氏漢語抄』『弁色立成』があったらしいが，『和名類聚抄』に一部が引用として伝わるのみで，全体は未詳である．これに対して，音義では『法華経音義』（信行のものと平備のものがある．いずれも逸書），『大般若経音義』（信行．3巻のうち中巻のみ現存），『新訳華厳経音義私記』（784写）など仏教関係のものが多く編集された．このうち，『新訳華厳経音義私記』には万葉仮名による和訓が約170見える．

18.2 平安・鎌倉時代の辞書

　前記の古代中国の辞書の分類に応じて，平安時代および鎌倉時代の主要な辞書を挙げることにする．

字書（部首分類の辞書）

　『篆隷万象名義』（空海，830〜835頃）は日本で作成された現存最古の辞書である．541に部首配列した約1万6000字の漢字を篆書・隷書で見出しとして掲げ，字音・字義を漢文で注記するが，『玉篇』を抄出したものであって，しかも和訓

はまったく記入されていない. これに対して,『新撰字鏡』(昌住, 898〜901頃)
は字音・字義を漢文で解説し, 時に万葉仮名で和訓, さらに和音（呉音）が付さ
れることもあり, 漢字を日本語で説明する体裁のものを漢和辞典と称するならば,
この書が最古の漢和辞典といえる.『玉篇』『切韻』や玄応『一切経音義』など
を参考にして, 約2万1000字を160の部首に分類し, 国字を「小学篇字」として,
そのほか「連字」「畳字」なども一括して示す.
　『類聚名義抄』(法相宗の僧侶の編か. 1100前後）は, 単字もしくは熟語を
見出しとして, 類音や反切で音注を示し, 漢文で解説を付した後に, 万葉仮名ま
たは片仮名で和訓を記す. その和訓には, アクセントを表す声点を付すものも多
い. 現存する図書寮本は約六分の一の見出し3657で,『玉篇』を参考にした部
首配列で, おそらく120部に分類されていたと見られる. これを原撰本と呼ぶ
のに対して, 単字を見出しとし, 漢文の注記を省略するとともに片仮名による和
訓・和音を大幅に増補し改編した増補本（広益本）が12世紀に成立した. その
一つの観智院本（1251, 顕慶写の本奥書）は完本で, 約3万4000語の和訓を収
載する.
　また,『世尊字本字鏡』(12世紀〜13世紀前半）は『新撰字鏡』『類聚名義抄』
に大きな影響を受けて成立したもので, 単字本位の見出し字に片仮名による和訓
を数多く記す.『字鏡集』(菅原為長か, 1245）は『色葉字類抄』に倣って意
義分類したものを,「天象部」はさらに「天部・雨部・日部……」というように,
『広韻』の韻目順に部首分類したものである.

韻書（韻分類の辞書）

　中国成立の陸法言以下13家の切韻を集成した『東宮切韻』(菅原是善, 847〜
850）は逸書であるが,『和名類聚抄』, 図書寮本『類聚名義抄』などに引用が見え,
30巻であったらしい. このほか『季綱切韻』(藤原季綱, 11世紀後半. 逸書),
『童蒙頌韻』(三善為康, 1109),『詩苑韻集』(11〜12世紀. 零本7帖）などが
編集された.『聚分韻略』(虎関師錬, 1306序,『海蔵略韻』とも）は,『広韻』
に倣って113韻に分け, その内部を「乾坤・時候・気形……」などに12門に意
義分類して約8000字を配し, 義注・音注・訓など付す. 当初は漢詩作成のため
に編集されたものであったが, 後には訓や音（呉音・漢音・唐音）を付して使い
やすくなったため, 14世紀初めに刊行された後も各地で頻繁に版を重ねた. 15
世紀には, 声調によって漢字を平声・上声・去声の三段に分けて示した『三重

韻』とも呼ばれる版も刊行された.

義書（意義分類の字書）

『和名類聚抄』（源 順，931〜938）は，『爾雅』などを参考にして，事物名の漢語を意義によって「天部・地部・水部……」などのように部で分け，さらに「景宿類・雲雨類・風雪類……」などのように下位分類して掲出し，漢文で出典・発音・語義を記し，あわせて万葉仮名で和訓を付す．一種の百科事典的体裁をもつ，古代の代表的な辞書である．また，薬物の名を集め，万葉仮名で和名を付したものに『本草和名』（深根輔仁，901〜923）がある．本草書には『香字抄』（編者未詳，11世紀末），『香要抄』『薬種抄』（いずれも，兼意，12世紀），『香薬抄』（心覚か，12世紀後半．興然，1185．覚禅，13世紀前半頃）などもあった．

『平他字類抄』（著者未詳，1300頃）は漢字の声調（平仄）を配列の基準に加味している．上巻では13部の意義分類のなかを漢字の平声と他声（仄声）によって分け，さらにその漢字を訓によってイロハ順に配列する．中巻ではイロハ順の標目をさらに平声と他声に分けて漢字を掲出し，下巻では意義分類したあと，同じ訓の漢字を声調の平声・他声に分けて示す．

類 書

『秘府略』（滋野貞主ら，831，1000巻，2巻のみ現存）は『芸文類聚』『初学記』『翰苑』などの中国の類書をもとにして，さらに『説文』『爾雅』『広雅』をはじめとする漢籍などから抄出したものと見られる．1000巻という規模はきわめて膨大であり，巻864・868の2巻しか現存しないものの，類書編纂史上画期的なものである．

音 義

『四分律音義』（9世紀写），『法華経釈文』（仲算，976）のように，10世紀ごろまでは漢文による注が中心で，掲出の語句も多く2字の熟語であった．また，『金剛頂一字頂輪王儀軌音義』（空海，9世紀前半）は例外として，和訓を含むことが少なかったが，11世紀以降の音義は単字中心の掲出で，和訓も示される．『大般若経字抄』（藤原公任，1032頃）は同音注を主とする簡略な音注を示し，片仮名で和訓を記す．『金光明最勝王経音義』（1079写）は類音や反切による音注の後に，万葉仮名で和訓を記す．『法華経単字』（1136写）は本文の出現順に漢字を掲出する巻音義で，反切注を示し，片仮名で訓を施す．これに対して，韻分類音義の『法華経音』（12世紀写）も出現するに至った．

鎌倉時代以降，『法華経』の音義は，出現順の「巻音義」（『法華経音訓』（心空，1386）など）や「韻分類音義」のほかにも盛んに編集された．

①部首分類の「篇音義」……『法華経音義』（金剛三昧院蔵，1233 奥書）

②字音のイロハ順の「伊呂波音義」……『法華経音義』（高野山正智院蔵，1442写）

③字音の五十音順の「三内音義」……『法華経音義』（金剛三昧院蔵，1522写）

このほか，『大般若経音義』（無窮会蔵，13 世紀後半写），『倶舎論音義』（編者未詳．1223 写，金沢文庫本），『浄土三部経音義』（信瑞，1236）などが撰述された．

イロハ順の仮名引き辞書

古くは漢字・漢語を見出しとし，それに対応する和語（和名）を示すという方式が主流であった．それは，和語に一定の配列基準がないために和語を見出しにできなかったからでもある．五十音図は原形が 11 世紀に確認されるが，現行のように固定するのは 17 世紀以降であるのに対して，いろは歌は 11 世紀前半に成立した後，すみやかに流布し，この出現によって初めて仮名の配列基準が確立されることとなった．ここに音引きの国語辞書が誕生する．

『色葉字類抄』（橘忠兼，1144～1180 頃）は，漢語を含む見出し語を，第1音節の仮名でイロハ順に 47 部に分け，さらにそれぞれの内部を，「天象・地儀・植物・動物・人倫・人体・人事・飲食・雑物・光彩・方角・員数・辞字・重点・畳字・諸社・諸寺・国郡・官職・姓氏・名字」の 21 部に区分する．ほぼ意義によって分類されているが，辞字は同じ訓をもつ漢字を並記したもので，その掲出の順序は「入イル　−中　崇納献−　容−身　内委襲……」のように上から順に慣用的なものが配列されているといわれている．その訓の配列は「香カ」「勝カツ」「囲カコム」のような順で，音節数に基づく．重点は「年々トシトシ」のような畳語の類をさし，畳字は熟語に相当する．畳字には「陰晴インセイ　天部　陰雲同　インウン　淫雨インウ　五月已上雨也」のように，その読みやおおまかな意義（もしくは意義分類）も添えられている．語の読みに従って漢字表記を求め，日常的な実用文や漢詩を作成する際などに用いる目的で編纂されたと考えられる．

この増補改編本が『伊呂波字類抄』と題されるもので，同じ系統のものに『世俗字類抄』『節用文字』がある．

［沖森卓也］

⑲ 中世（後期）・近世の辞書

19.1 対 訳 辞 書

『日葡辞書』

　漢字や中国語にかかわる研究が国内で継続して続けられていたが，1549年に
キリシタン宣教師が来日することで日本語そのものへの研究が開花することとな
る．宣教師は，彼らにとって日常生活の根幹であり，また布教に欠くことのでき
ない日本語を習得するために数々の日本語研究資料の作成を行った．そのうちの
一つに，日本語をポルトガル語で説明した『日葡辞書』(1603～1604) がある．
本編（2万5967語），補遺（6831語）からなり，その構成は見出し語，語義，
用例の記載方法をはじめ，近代辞書の形態を有している．収録語は当時の標準語
である京都の言葉を中心としながら，方言，卑語，婦人語，幼児語，仏法語，文
書語，詩歌語など多岐にわたる．それは，布教が一方通行の行為ではなく，相互
理解（時には特定の言葉の使用を忌避するなど，時と場に応じての配慮）が求め
られるためである．また，日本語はポルトガル式ローマ字綴りで記されている．
そのために，サ行については，sa, xi, su, xe, so，ハ行は fa, fi, fu, fe, fo と
ファ行音であったことなど，語彙や意味に加え，当時の発音の実態を知ることも
できる．

蘭和辞書

　江戸時代になると，幕府はキリスト教の禁止を徹底し，貿易に力を入れるオラ
ンダとの通行を積極的に進める．オランダ語を介して，西洋の文化・文明・学術・
技術を吸収する蘭学の隆盛を導くこととなる．そのようななかで，対訳辞書は大
きな役割を果たすのである．オランダ語を理解するための辞書として，F. ハル
マによる『蘭仏辞典』(2版，1729) をもとに稲村三伯が中心となってまとめた
約8万語からなる『波留麻和解』(1796編纂終了，1798～1799刊行，『江戸ハルマ』

とも）が刊本として編まれる．それをもとに抄録・補訂した約2万7000語からなる『訳鍵』(1810) が藤林泰助（普山）によって著される．また，長崎の地でも F. ハルマの『蘭仏辞典』(2版) をもとにオランダ商館長 H. ドゥーフが長崎通詞と協力して『ドゥーフ・ハルマ』(1810 年代初頭編纂開始，1833（精撰本系），『長崎ハルマ』とも）を編集した．写本であったため，桂川国興（甫周）が中心となって約9万の語彙と例文を収めた『和蘭字彙』(1855〜1858) を刊行する．しかし，すでに時代は蘭学から英学へ移行していた．

英和・和英辞書

19 世紀になると，イギリス・アメリカの台頭により，英学への関心が高まり，英語を日本語で説明する『諳厄利亜語林大成』(1814) が編まれる．しかし，流布せず，また収録語数も少なく，後の対訳辞書に影響を与えてはいないようである．その後，本格的な英和辞書として『英和対訳袖珍辞書』(1862) が洋書調書から刊行され，数次にわたり改訂が行われた．約3万5000語を収めるが，そのもととなったのは英蘭辞書であったために，蘭学者と蘭和辞書の果たした成果が役立てられた．

一方，幕末期になり，来日する外国人のために日本語を英語で説明する需要が高まってくる．また，聖書翻訳が試みられることとなる．そうした要求にこたえる目的のもとに編纂された J. C. ヘボンによる『和英語林集成』(1867) は，「和英の部」2万772語，「英和の部」1万30語を収め，和英・英和辞書としての性格をもつ．構成・内容ともに，同時代の日本の辞書には見られない近代的なもので，語義，用例，品詞表示，類義語といった情報を示している．しかるべき国語辞書が整備される以前の刊行であったこともあり，現代でも当時の言葉を知るための国語辞書の役割を果たしている．3版7種にわたって刊行されているため，近代化へ向かう日本の様相も知ることができる．また，当時の日本語への関心から海外（ロンドン，ニューヨーク，上海）でも刊行された．

その他

以上，日本語とポルトガル語，オランダ語，英語といった視点から記した．その他にもさまざまな言語による対訳辞書が著されている．たとえば，フランス語，英語，オランダ語を対照させた『三語便覧』(1854)，また本格的な仏語辞書『仏語明要』(1864) などが挙げられる．しかし，多くは語彙集といったレベルを超えているとはいい難いものである．また，ドイツ語の辞書の刊行は遅れるが，明

治に入ると『独逸文典字類』(1871) をはじめとして当時の需要から急速に展開する.

前出の『日葡辞書』は，スペイン語訳として『日西辞書』(1630)，さらにポルトガル語をフランス語に訳した『日仏辞書』(1862〜1868) として著される．とくに，『日仏辞書』の刊行は19世紀のヨーロッパにおける日本語への関心の高さを示したものである.

海外に目を向けると，『英和・和英語彙』(1830) がバタビアの地で，W. H. メドハーストによって石版印刷で刊行されている．その後，同辞書は村上英俊により『英語箋前篇』(1857) と『英語箋後篇』(1863) として翻刻されている．あわせて，蘭学資料や英華字典とのかかわり，近代訳語の展開といった点からも興味深い資料である.

日本語からは離れるが，19世紀に中国へ渡ったキリスト教宣教師によって，英語と中国語の対訳辞書である英華字典が数多く著される．R. モリソンによる "A Dictionary of the Chinese Language, in Three Parts"(1815〜1822) をはじめに，S. W. ウィリアムズ，W. H. メドハースト，W. ロプシャイト，J. ドーリットルらによって，さまざまな収録語数，内容，大きさのものが刊行されている．日本において，英華字典は翻訳や英和辞書の編纂に用いられることとなり，近代の日本語語彙をかたちづくる役割を果たした.

19.2 漢字と辞書

「節用集」から国語辞書へ

さまざまな特徴の辞書が編まれているが，言葉の漢字表記を求める辞書として「節用集」がある．「節用集」とは構成や内容の類似したものをまとめた呼称であるために多くの種類があるが，室町時代中期の意義分類体の国語辞書『下学集』をイロハ順に改編して成立したものとみられる（五十音順配列としては『温故知新書』が室町時代に成立）．なお，「節用」という名称は『論語』の「節用而愛人」に由来している.

とくに，江戸時代初期までの写本と，慶長年間 (1596〜1615) 頃までの刊本を「古本節用集」とする．巻頭の「イ」部天地門の最初が，「伊勢」であるものを伊勢本，「印度」を印度本，「乾」を乾本と3種に大別する.

その後，印刷技術の進歩とあいまって，乾本系をもとに近世の「節用集」が展

開する．その種類は数百種ともいわれ，収録語数，配列，大きさ，巻数，目的も
さまざまである．

　たとえば，漢字表記を楷書体と草書体によって示した『真草二行節用集』
(1638) は，草書体の実用性にこたえたものである．また，節用集の多くがイロ
ハ順の後，意義分類の配列がなされているが，意義分類の後，イロハ順に配列し
た『合類節用集』(1680) といったものもある．同様の配列による『和漢音釋
書言字考節用集』(1717) は，項目数が約3万2800からなり，註文も多く，出
典も幅広いものとなっている．海を渡り，ライデンでも出版された．海外におけ
る日本語資料への関心の一端を示している．

　その後，引きやすさを追求した小型の『早引節用集』(1752) の一群が刊行さ
れる．イロハ順に分けた後，仮名文字数によって配列し，漢字表記にたどりつく
ことができるように実用性を高めている．一方，『江戸大節用海内蔵』(1863) な
どは，本編と見紛うばかりの付録を付し，大型化した百科事典的な性格の「節用
集」である．

　「節用集」とは異なるが，谷川士清による『和訓栞』(1777〜1887) が著さ
れる．古語・雅語・方言・俗語などの見出し語2万897語を収め，五十音順配
列で，語義，用例・出典に意識をはらった辞書である．ただし，すべての完結を
みるには100年以上の時間を要することとなった．他にも，『雅言集覧』(19.3
節参照）や『俚言集覧』(19.3 節参照）が著され，『和訓栞』とあわせて「近世
三大辞書」と称される．

　近代に入っても「節用集」という名を冠した辞書は継続して刊行されるが，『言
海』(1889〜1891) などをはじめとした近代国語辞書へその役割をしだいに譲る
こととなる．

『倭玉篇』から漢和辞書へ

　『倭玉篇』は，部首分類体の漢和字書として，単漢字を配列し，字音と和訓を
記したものである．室町時代前期には成立していたと考えられるが，編者は未詳
である．中国の顧野王『玉篇』(543) にならった『新撰字鏡』『類聚名義抄』
『字鏡集』をはじめ，とくに陳彭年ら『大広益会玉篇』(1013) の影響を受け
ている．その後，室町時代から江戸時代にかけて多くの写本や刊本が著されるが，
その内容は一様ではない（なお，『日葡辞書』には ‘Vagocufen（ワゴクヘン）’
と載っている）．

また，イエズス会宣教師による『落葉集』(1598) はイロハ順の漢字字書で，字音（「落葉集本篇」），和訓（「色葉字集」），字形・部首（「小玉篇」）から漢字を求められるような3部構成となっている．『倭玉篇』と「節用集」の二つの特性を有しているといえよう．

一方，『倭玉篇』とは性格を異にするが，漢字表記辞書としては『名物六帖』(1727／1755／1777) や『雑字類編』(1786) が挙げられる（『雑字類編』は明治期にも刊行されている）．近世中国語を多く含み，対訳辞書の漢字表記に影響を与えている．

さらに，近代に入ると，『倭玉篇』の名前は引き継がれながらも，漢語隆盛の状況を受けて，漢語をイロハ順や五十音順で配列した「漢語辞書」が種々刊行されるようになる．しかし，漢語を配列した語彙集の様相を脱することはできず，現代の漢和辞書としての内容・構成は，20世紀初頭の重野安繹・三島毅・服部宇之吉監修『漢和大字典』(1903) を待つこととなる．

19.3　雅言・俚言の辞書

方言辞書

江戸時代に入り，社会が安定し，さまざまな交通網が整備されることによって，前代に比べ地域間での移動が行いやすくなった．それにより，物流とともに人的移動に関心が持たれることとなる．

言語に関しても，当初は京都を中心としたとらえ方が主であった．京都の口語に関する規範辞書である『片言』(1650) が安原貞室によって著される．安原貞室は松永貞徳に師事した俳諧師であり，その関心から，訛語や俗語に対して正しい形を示したり，京都の言葉と田舎の言葉の雅俗について諸例を挙げたりしながら説明を行っている．

江戸中期以降になると，言葉の地域差について関心が向けられる．一例を挙げると，仙台と江戸の方言を比べた『(仙台) 浜荻』(1813 頃) などをはじめ，地域の方言を記したものが著された．全国方言辞書としては，滝沢馬琴の師で，やはり俳諧師の越谷吾山によって550 項目からなる『物類称呼』(1775) が編まれる．俳諧師のためあらゆる言葉に関心があったことがその原動力と考えられ，各地の人々と交流する一方，さまざまな文献（『和名類聚抄』『東雅』『南留別志』など）も用い，全国にわたる地域（北海道の松前から琉球，さらには朝鮮や福建

など）から言葉を集めている．編集方針は，地域における差異に注目し尊重しながら，それぞれの地域の言葉を整理している．その内容から，明治・大正時代にかけても『物類称呼』に匹敵するものは現れなかった．

俚言辞書

俗語・方言・ことわざなどを収める俗語辞書として，『物類称呼』と並び称される太田全斎の『俚言集覧』（1797 以降成立）がある．江戸語を多く収録し，俳書，俗諺集からも採録している．ア段（ア・カ・サ…），イ段（イ・キ・シ…）といった順で配列されることが特徴である．稿本として伝わり，その増補版『俚言集覧』（1899〜1900）が井上頼圀と近藤瓶城によって刊行されている．増補に際しては唐話辞書や『佩文韻府』が用いられていることが指摘されている．

雅言辞書

平安時代に和歌や仮名文で使用された和語を中心に言葉を集めた『雅言集覧』（1826「い」〜「か」部・1849「よ」〜「な」部）が石川雅望によって著される．約1 万 7000 語の言葉をイロハ順に配列した古語用例集としての性格をもつ．平安時代の仮名文学作品を軸に，前後の時代の作品や，漢籍からも用例を集め，出典や流布本の丁数を示し，古代語の語彙をほぼ網羅している．その後，「い」〜「な」部を増補した『雅言集覧増補』（1863）と，「ら」部以下の未刊部分の写本の存在を知らずに補った『雅言集覧続編』（1863）が，保田光則によって著された．そして，中島広足によって，未刊部分の写本を加えてさらなる増補を行った『増補雅言集覧』（1887）が刊行されている．

19.4　語誌・語源辞書

語誌や語源についての関心は高く，それらについて書きとめた辞書が著される．その一つに，経尊による『名語記』（1268）がある．和語の語源（漢語については字音である旨を示す）について問答体によって解説を行い，イロハ順に配列した語源辞書である．『名語記』の「名」は名詞，「語」は名詞以外の言葉を指し，「テニハ」についても触れる．宣命書で記されている．

また，『塵添壒嚢抄』（1532 成，1646 刊）は百科事典としての性格をもつが，雑纂的である．やはり問答形式で，事物の起源や語源などを解説する．その構成は，先行する『壒嚢抄』（1445〜1446）の 536 条をもとに，これに『塵袋』（1264〜1288 頃）から 201 条を抜粋して加え，737 条としてまとめたものである．

　松永貞徳による和語の語源解説をした『和句解』(1662) は，イロハ順に約1500 語を配列している．発音や語句の共通点を恣意的に結びつけているためにこじつけにすぎる部分がある．類するものとして，古語・歌語，類語，語源について記した契 沖 の『円珠庵雑記』(1699 成，1812 刊) がある．

　また，貝原益軒によって『日本 釈 名』(1699 成，1700 刊) が著される．『和句解』を取り入れながら，和語を23 門に分けて，約1100 語の語源を解説した．書名は中国の後漢の 劉 熙の『 釈 名』に基づいている．

　新井白石の『東雅』(1717 成，1903 刊) は，名詞を15 門に分けた語源辞書で，書名は中国の『爾雅』にならい，「東方の爾雅」を意味する．貝原益軒の説を否定するなど，先行するものに比べて実証的な考察を目指す特徴がある．

[木村　一]

(参考文献は第 8 章参照)

⑳ 近現代の辞書

20.1 国語辞書の成立

20.1.1 近代国語辞書の誕生

　明治期当初，江戸時代からの流れにある雅語辞書が迎えられた．近世の代表的な辞書『倭訓栞』『雅言集覧』の刊行が完結したのも明治に入ってからである．また御布令の漢字熟語を読むための漢語辞書の一群も現れ，これらは近代国語辞書の母胎となった．

　一方，官撰の辞書として『官版語彙』(1871～1884) の編纂が，木村正辞・横山由清を総裁，榊原芳野・黒川真頼らのメンバーで進められたが，「あ」から「え」の部を刊行後，中止となった．方針が決まらず編纂が進まなかったことが中止の原因とも指摘されている．その後，文部省は大槻文彦に辞書編纂の命を下す．

　大槻文彦『(日本辞書) 言海』(1889～1891) は辞書編纂の理念と方法を自覚的に実践した近代国語辞書の最初の到達点である．1875 年編纂開始，ウェブスター英語辞典の簡約版オクタボを参考に編纂をはじめたが，英語と日本語との相違から和漢洋 800 を超える書物を参考にしたという．近世の日本語辞書，和英辞書等からも影響も受けている．初版は 4 分冊．見出し語は約 3 万 9000 語で五十音順に配列された．語構成，文法情報，位相，語源等を示し，語釈は簡潔な普通文で書かれる．その他凡例を整備し，文字，記号，活字の細かな使い分けがされるなど，当時の国語辞書としてはきわめて完成度が高い．

　以後，『言海』に倣うものが陸続と現れる．山田美妙『日本大辞書』(1892～1893) は，語釈を口語文で行い，東京語のアクセントを付し，時に類義語の解説に及ぶユニークな辞書である．しかし，口述筆記による短い編纂期間と『言海』に対する強烈なライバル意識のため，辞書の構成がアンバランスで語釈も時に冗長のきらいがある．

　その後, 落合直文『日本大辞典　ことばの泉』(大倉書店, 1898〜1901) が刊行された. 採録語は9万2000語, 普通語に加え, 古語, 俗語, 方言, 枕詞, 外来語のほか, 人名, 地名等の固有名詞や日清戦争後の新語も加えるという採録方針をとり辞書の中型化も進む. オーソドックスで実用的な中型辞書としては, 金沢庄三郎『辞林』(三省堂, 1907) がある. 見出し語は約8万1000語. 当時の一般的な語を多数収録し, 現代語の用法を観察して語釈に反映させ, 派生語を多く採用して実用性をはかったところに特色がある. 1911年版で大きく改訂, 『広辞林』(三省堂, 1925) に引き継がれる. その他, 後の新村出『広辞苑』(岩波書店, 1955) のもととなった新村出『辞苑』(博文館, 1935) なども刊行された. 後年, 『広辞苑』と同規模の松村明『大辞林』(三省堂, 初版1988) は, 現代語の記述を中心に据え, 特色を打ち出した.

20.1.2　大型国語辞書の誕生

　大正から昭和の初めにかけて, 特色ある大型辞書2点が刊行された.

　松井簡治・上田万年『大日本国語辞典』(金港堂書籍・冨山房, 1915〜1919). 初版4分冊, 1928年索引刊. 修訂版 (1925〜1927) 5巻. 新装版1938年1巻. 見出し語は約20万4000語で歴史的仮名遣いで配列された. 古代から現代までの一般語のほか学術専門語・諺・成句なども広く採用, 語釈は従来の辞書の語釈の長所をよく反映し穏当で, 統一性がある. 松井は辞書の準備事業として索引の作成と編纂に数年を要し辞書に反映, 豊富な用例を付して評価が高く, 後の『日本国語大辞典』(初版1972〜1976, 第2版2000〜2002) のもととなった.

　『言海』の増補版として編纂された大槻文彦『大言海』(冨山房, 1932〜1935) は4巻と索引 (1937) からなる. 縮刷新訂版 (1956) 1巻刊. 大槻は編纂途中に没したが, 大槻如電監督, 関根正直・新村出指導のもと, 『言海』で写字校正を担当した大久保初男を中心に作業が進められた. 見出し語は約9万8000語. 百科項目に詳細な語釈を施し, 豊富な用例, 語源解に特徴があり, 読む辞書とも評される. ただし語源については批判もある.

　その他, 『ことばの泉』を改修した芳賀矢一『改修言泉』(大倉書店, 1921〜1928), 下中弥三郎『大辞典』(平凡社, 1934〜1936) も出版された.

20.1.3　現代小型国語辞書の誕生

　現代語中心の小型国語辞書は，金田一 京 助『明解国語辞典』(三省堂，1943)
のスタイルがその後多くの国語辞書に引き継がれている．見出し語は約 7 万
2000 語．金田一の教え子の見坊豪紀によって編纂された．当初は『広辞林』の
縮約版である『小辞林』(1928) の語釈を口語に書きかえる改訂の予定であった
が，ひきやすく，わかりやすく，現代的であるという新たな三つの編纂方針を立
て，表音式の見出し語，口語文の語釈，言語生活の観点からの百科項目の語釈，
アクセントの表示，新聞等の資料から集めた外来語も含む新規項目などを採用し
『明解国語辞典』として刊行され，広く普及した．1952 年に改訂版．後に見坊豪
紀『三省堂国語辞典』，山田忠雄『新明解国語辞典』(両者とも三省堂) と二つの
現代小型国語辞書に発展していくことになる．

　このころ，刊行された小型辞書として，時枝誠記『例解国語辞典』(中教出版，
初版 1956) が「例解」方式の先駆けとなった．また，学習辞典の機能を重視した，
金田一京助・佐伯梅友他『新選国語辞典』(小学館，初版 1959) や守随憲治・今
泉 忠義『旺文社国語辞典』(初版 1960)，簡潔穏当な語釈で知られる西尾 実・
岩淵悦太郎『岩波国語辞典』(初版 1963)，歴史的観点を取り入れて語数も多い
山田俊雄・築島 裕・小林芳規『新潮国語辞典　現代語・古語』(初版 1974) な
どが今日まで版を重ねている．21 世紀には語法解説のくわしい北原保雄『明鏡
国語辞典』(大修館書店，初版 2002) なども加わった．これらとは別系統で，ア
ルファベット順ローマ字見出しの，上田万年『ローマ字びき国語辞典』(冨山房，
1915)，井上哲次郎『ABC びき日本辞典』(三省堂，1917)，福原麟太郎・山岸徳
平『ローマ字で引く国語新辞典』(研究社，1952) などがある．現代語音と歴史
的仮名遣いとのずれによる検索上の不便を解消するねらいがあったのだろう．現
代では日本語学習者用にローマ字見出しの日本語辞典が刊行されている．

20.2　多様な辞書

　日本語で書かれた辞書は国語辞典以外にもさまざまなものがあり，漢和辞書も
さまざまな規模のものがあるが (10.1.3 項参照)，部首引き・総画引きを主とせず，
漢字の読みの五十音順による竹田晃・坂梨隆三『講談社漢和辞典—五十音引き』
(1997)，沖森卓也『三省堂五十音引き漢和辞典』(初版 2004) が登場．字典では
なく漢語辞書という点で，山口明穂・竹田晃『岩波新漢語辞典』(初版 1994) な

ども記しておきたい．大規模古語辞典では，中村幸彦・岡見正雄・阪倉篤義『角川古語大辞典』(1982〜1999，全5巻)，中田祝夫・和田利政・北原保雄『小学館古語大辞典』(1983) があるが，各時代の『時代別国語大辞典　上代編』(三省堂，1967)，『同　室町時代編』(同，1985〜2000，全5巻) が特記されるべきであろう．築島裕『古語大鑑』(東京大学出版会，2011〜，刊行中) は上代から鎌倉時代までを対象とし，江戸時代では前田 勇『近世上方語辞典』(東京堂出版，1964)，同『江戸語大辞典』(講談社，1974) などがある．「言葉の辞書」と「ことがらの辞書」との区別でいえば，「言葉の辞書」には，現代語の辞書以外に古語辞書，中央語の辞書以外に方言辞書がある．また，特殊辞典，専門語辞典と呼ばれる辞書がある．特殊辞典を分類したのが図1である．

　意味領域が同じ，または近接する言葉を集めた近代的類語辞典のはじめは，志田義秀『日本類語大辞典』(晴光館，1909) といわれる．類語辞典には類義語間の意味の違いの記述に重点をおくものと，言葉を意味分野別に配列し全体をみわたせるシソーラスの要素をもつものがある．前者には，徳川宗賢・宮島達夫『類義語辞典』(東京堂出版，1972)，田忠魁・金相順・泉原省二『類義語使い分け辞

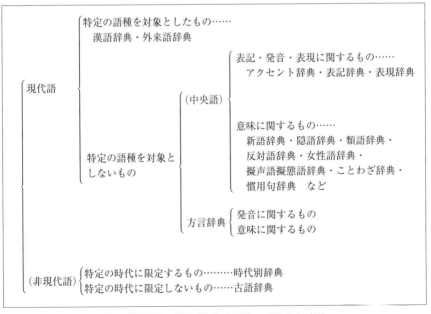

図1　特殊辞典の分類 (沖森 (1996)，p.121 より引用)

典』(研究社出版，1998)，松井栄一『ちがいがわかる類語使い分け辞典』(小学館，2008) など，後者には大野晋・浜西正人『類語国語辞典』(角川書店，1985)，山田進・柴田武・加藤安彦『類語大辞典』(講談社，2002)，山口翼『日本語大シソーラス』(大修館書店，2003) などがある.

特定の語種を対象とした外来語辞典では，棚橋一郎・鈴木誠一『日用舶来語便覧』(光玉館，1912) がはじめといわれ，荒川惣兵衛『外来語辞典』(冨山房，1941)，石綿敏雄『基本外来語辞典』(東京堂出版，1990) などがある.

その他にも，身体語彙や感情・感覚表現，擬音語擬態語，故事成語，慣用句，熟語など特定の分野や形式の語彙，表現を集めたものがある.

俗語に関する一群の辞書がある．俗語は古くは雅語に対応した語であったが，現在では，改まった場や公の場で使いにくい口頭語を広く指し，いわゆる新語・流行語・隠語・若者語・集団語などが幅広く該当する．近年刊行されたものとして米川明彦『集団語辞典』(東京堂出版，2000)，同『日本俗語大辞典』(同，2003) がある.

新語辞典には新語のみならず流行語，時事用語等も集めたものがある．その嚆矢は下中弥三郎『ポケット顧問　や，此は便利だ』(平凡社，1914) で，大正昭和初頭の辞書を集めて復刻した松井栄一ほか『近代用語の辞典集成』(大空社，1994〜1996) が参考になる.

隠語辞典は，狭義にはある社会集団のみに通ずることを意図して作られた言葉を集めた辞書，広義には秘密保持の役割を失っても俗語として使用される，また全国の収監者から聞き取った言葉を集めた辞典で，日本語の隠語を辞書形式にまとめた最も早いものは，広島県警部稲山小長男『日本隠語集』(後藤待賓館，1892) である．近年では，明治以降に出版された隠語資料を編纂した木村義之・小出美河子『隠語大辞典』(皓星社，2000) がある.

また，新聞語を集めた辞典がある．新聞語とは文字どおり新聞に出現する言葉であるが，新聞や雑誌などに出現するいわゆる新語のほか，流行語，時事用語などが取り上げられる．新聞語の名称が確立したのは竹内猷郎『(袖珍) 新聞語辞典』(東京堂，1919) であり，戦後は1948年から現在まで継続して刊行されている『現代用語の基礎知識』(自由国民社) のほか，『イミダス』(集英社)，『知恵蔵』(朝日新聞社) が冊子として毎年刊行されていたが，現在は電子辞書やオンライン辞書として利用できるようになっている.

なお，俗語・隠語・新語・新聞語・専門語を理論的に定義した場合と，実際に辞典として編纂された資料群から帰納的にみたそれぞれの語彙は必ずしも同一ではない．辞典のカバーする範囲は幅広く，時代や辞書によっても収録される語の性質が相違することに注意が必要である．

その他，特定の学問や職業などの専門分野における語を解説した専門用語辞典がある．学術用語（術語）の英語の翻訳語については，文部省（現文部科学省）による『学術用語集』が 1954 年以来各分野で刊行されている．学術用語の解説のほか，その分野で使用される職業語も含めたものなど，産業・技術・社会・文化のあらゆる分野にわたり編纂されている．

用字辞典は，漢字の字種，字体，異字同訓の使い分け，送り仮名，仮名遣い，送り仮名，振り仮名，外来語の書き方などに関し，日本語の書き表し方の規範を現在の日本語施策に拠って示したもので，一般の辞書出版社のほか，大手新聞社からも刊行されている．

「ことがらの辞書」の最たるものが百科事典である．あらゆる分野の知識を項目立てて配列し，解説を行うもので，明治以降は，箕作麟祥らによるチェンバーズの "*Information for the People*"（第 4 版，一部第 5 版）の翻訳である『百科全書』（1873〜1884 頃，文部省分冊本），西村茂樹の建言・立案（最終編纂所は神宮司庁）による百科史料事典『古事類苑』（1896〜1914）があり，田口卯吉『日本社会事彙』（経済雑誌社，1890〜1891）なども刊行された．現在では『世界大百科事典』（平凡社，1988，改訂新版 2008），『日本大百科全書』（小学館，1994）などがインターネット上での利用を可能にし，情報を常時更新するなど，新しい方向も模索されている．

このように多種多様な辞書・事典が出版されており，参照ツールとして，1945 年以降に出版された辞書・事典の情報を網羅的に収集した『辞書・事典全情報』（日外アソシエーツ，初版 1990）なども刊行されている．

20.3 コンピュータと辞書

コンピュータ技術の発展によって，辞書の世界も様変わりしつつある．いわゆる携帯型の電子辞書のほか，パソコン，スマートフォン，タブレット端末でも主要な書籍の電子版辞書が利用できるようになってきた．また大型の電子版国語辞書を標準装備している OS もある．

表1　おもなコーパスの概要（2021 年 6 月現在）

種　別	コーパス名	構　築	概　　要	データ量	URL
書き言葉コーパス	現代日本語書き言葉均衡コーパス	国立国語研究所	書籍全般，雑誌全般，新聞，白書，ブログ，ネット掲示板，教科書，法律などのジャンル	1 億 430 万語	https://ccd. ninjal.ac.jp/ bccwj/
話し言葉コーパス	日本語話し言葉コーパス	国立国語研究所・情報通信研究機構（旧通信総合研究所）・東京工業大学	総数 3302 講演，約 90% はモノローグ音声，残り約 10% は，対話，朗読，再朗読の音声	音声データ 661 時間および転記テキスト 752 万語	https://ccd. ninjal.ac.jp/ csj/index. html
学習者コーパス	多言語母語の日本語学習者横断コーパス	国立国語研究所	日本を含む 20 の国と地域で，異なった 12 言語を母語とする日本語学習者 1000 人の話し言葉および書き言葉を収集することを目標に，横断的に調査・収集	第 5 次公開データは，1000 名分の学習者データと 50 名分の日本語母語話者のデータ	https:// chunagon. ninjal.ac.jp/ static/ijas/ about.html
	中国語・韓国語母語の日本語学習者縦断発話コーパス	国立国語研究所	中国語母語話者 3 名，韓国語母語話者 3 名，計 6 名の日本語学習者を 3 年間縦断的に調査し，データを収集した，発話コーパス	約 46.5 時間分，総語数約 57 万語	https:// www2.ninjal. ac.jp/jll/lsaj/
	KY コーパス	山内博之・鎌田修	ACTFL（The American Council on the Teaching of Foreign Languages）が開発した OPI という面接式口頭能力テストを用いる	90 人分の OPI テープを文字化した言語資料	http://www. opi.jp/shiryo/ ky_corp.html
	日本語学習者作文コーパス	李在鎬		初級から上級の日本語学習者 304 名の作文データが収録（語数の合計は 113554 語）	http:// sakubun.jpn. org
方言コーパス	日本語諸方言コーパス	国立国語研究所	文化庁が 1977〜1985 年に行った「各地方言収集緊急調査」の方言談話の収録データを使用	元データは，日本全国 47 都道府県の 200 地点あまりにおける，約 4000 時間の方言談話の録音テープからなり，一部は『全国方言談話データベース　日本のふるさとことば集成』（2002〜2008，国書刊行会）として刊行	https:// www2.ninjal. ac.jp/cojads/ index.html? targ=outline
通時コーパス	日本語歴史コーパス	国立国語研究所	奈良時代編／平安時代編／鎌倉時代編／室町時代編／江戸時代編／明治・大正編・和歌集編	語彙統計はバージョンごとにデータとして公開．バージョン 2020.03 では 1891 万短単位，258 万長単位	https://ccd. ninjal.ac.jp/ chj/chj-wc. html

インターネット上でも多くの辞書が利用可能である．大手の検索エンジンには大型辞書のデジタル版が無料で搭載されている．年に数回の更新を謳う辞書もある．また，辞書出版社が運営するサイトでは有料で辞書を使用できるものもある．無料のコンテンツに比較すると頻繁に更新され，専門辞書，百科事典などが豊富に使用できるようになっている．

コンピュータ上の辞書の最大の強みは検索の便である．前検索，後検索のほか，用例などを含めた全文検索，複数コンテンツの横断検索ができる機能をもつものもある．JapanKnowledge（ジャパンナレッジ）は，発行所の異なる国語辞典・百科事典・専門辞典のみならず，叢書など多様なコンテンツを横断的に検索できる有料サイトである．

一方，多種多様なデータが瞬時に大量に入手できることは，情報を選別する使い手側のリテラシーもより問われることになる．たとえば，ウィキペディアをはじめとする無署名で常時編集可能の辞典・事典は便利な反面，内容についての責任が不明確で，正確性が担保されにくい．また，書籍版と電子版の辞書の内容が同じではない場合もあり，使用するにあたっては注意が必要である．

現在では，より客観的なデータをもとに辞書を編纂されることが求められており，コーパス整備の必要性が高まってきた．コーパスとは，広義には言語研究のために集積されたデータベースで，狭義には，ある言語資料を代表できるような性質を備えた大規模な電子データを理想とする．日本では，1950年ごろからデータベースの開発や研究が国立国語研究所等で行われてきた．また，1980年代からは自然言語処理の分野でも研究が盛んになった．コーパスには，書き言葉コーパス，話し言葉コーパス，学習者コーパス，方言コーパス，通時コーパスなどがある（表1）．その他，著作権の消滅した作品をテキストデータ化して公開する青空文庫，各新聞社の提供する記事データベースなども広く利用されている．

[田鍋桂子]

参考文献

沖森卓也ほか編（1996）『日本辞書辞典』おうふう

飛田良文・松井栄一・境田稔信（2003）『［明治期国語辞書大系］書誌と研究』大空社

松井栄一・松井利彦・土屋信一監修・編（1995〜1997）『明治期漢語辞書大系』大空社

山田忠雄（1967）『二代の辞書』三省堂

山田忠雄（1981）『近代国語辞書の歩み』上・下，三省堂

「特集 辞書」（2001）『悠久』85号，鶴岡八幡宮悠久事務局

事項索引

書名索引

人名索引

編著者略歴

おき もり たく や
沖 森 卓 也

1952 年　三重県に生まれる
1977 年　東京大学大学院人文科学研究科
　　　　国語国文学専門課程修士課程修了
現　在　二松学舎大学文学部国文学科教授
　　　　立教大学名誉教授
　　　　博士（文学）

き むら よし ゆき
木 村 義 之

1963 年　青森県に生まれる
1996 年　早稲田大学大学院文学研究科日本文学専攻
　　　　博士課程単位取得満期退学
現　在　慶應義塾大学日本語・日本文化教育センター教授

日本語ライブラリー
辞書の成り立ち　　　　　　　　定価はカバーに表示

2021 年 11 月 1 日　初版第 1 刷
2022 年 10 月 5 日　　　第 2 刷

編 著 者　沖　森　卓　也
　　　　　木　村　義　之
発 行 者　朝　倉　誠　造
発 行 所　株式会社　朝 倉 書 店
　　　　　東京都新宿区新小川町 6-29
　　　　　郵 便 番 号　　162-8707
　　　　　電　話　03（3260）0141
　　　　　FAX　03（3260）0180
　　　　　http://www.asakura.co.jp

〈検印省略〉

教文堂・渡辺製本

Ⓒ 2021 〈無断複写・転載を禁ず〉

ISBN 978-4-254-51619-7　C 3381　　Printed in Japan

前立大 沖森卓也編著　成城大 陳　力衛・東大 肥爪周二・
白百合女大 山本真吾著
日本語ライブラリー

日 本 語 史 概 説

51522-0 C3381　　　　A 5 判 208頁 本体2600円

日本語の歴史をテーマごとに上代から現代まで概説。わかりやすい大型図表，年表，資料写真を豊富に収録し，これ1冊で十分に学べる読み応えあるテキスト。〔内容〕総説／音韻史／文字史／語彙史／文法史／待遇表現史／位相史／他

前立大 沖森卓也編著　拓殖大 阿久津智・東大 井島正博・
東洋大 木村　一・慶大 木村義之・早大 笹原宏之著
日本語ライブラリー

日 本 語 概 説

51523-7 C3381　　　　A 5 判 176頁 本体2300円

日本語学のさまざまな基礎的テーマを，見開き単位で豊富な図表を交え，やさしく簡潔に解説し，体系的にまとめたテキスト。〔内容〕言語とその働き／日本語の歴史／音韻・音声／文字・表記／語彙／文法／待遇表現／位相／文章・文体／研究

前立大 沖森卓也編著
東洋大 木村　一・日大 鈴木功眞・大妻女大 吉田光浩著
日本語ライブラリー

語 と 語 彙

51528-2 C3381　　　　A 5 判 192頁 本体2700円

日本語の語（ことば）を学問的に探究するための入門テキスト。〔内容〕語の構造と分類／さまざまな語彙（使用語彙・語彙調査・数詞・身体語彙，他）／ことばの歴史（語源・造語・語種，他）／ことばと社会（方言・集団語・敬語，他）

沖森卓也・阿久津智編著
岡本佐智子・小林孝郎・中山惠利子著
日本語ライブラリー

こ と ば の 借 用

51613-5 C3381　　　　A 5 判 164頁 本体2600円

外来の言語の語彙を取り入れる「借用」をキーワードに，日本語にとりいれられてきた外来語と外国語の中に外来語として定着した日本語を分析する。異文化交流による日本語の発展と変容，日本と日本語の国際社会における位置づけを考える。

前立大 沖森卓也・白百合女大 山本真吾編著
日本語ライブラリー

文 章 と 文 体

51614-2 C3381　　　　A 5 判 160頁 本体2400円

文章とは何か，その構成・性質・用途に最適な表現技法を概観する教科書。表層的なテクニックを身につけるのでなく，日々流入する情報を的確に取得し，また読み手に伝えていくための文章表現の技法を解説し，コミュニケーション力を高める。

前立大 沖森卓也・東洋大 木村　一編著
日本語ライブラリー

日 本 語 の 音

51615-9 C3381　　　　A 5 判 148頁 本体2600円

音声・音韻を概説。日本語の音構造上の傾向や特色を知ることで，語彙・語史まで幅広く学べるテキスト。〔内容〕言語と音／音声／音節とモーラ／アクセント／イントネーションとプロミネンス／音韻史／方言／語形と音変化／語形変化

前立大 沖森卓也・早大 笹原宏之編著
日本語ライブラリー

漢 字

51617-3 C3381　　　　A 5 判 192頁 本体2900円

漢字の歴史，文字としての特徴，アジアの各地域で遂げた発展を概観。〔内容〕成り立ちからみた漢字／形からみた漢字／音からみた漢字／義からみた漢字／表記からみた漢字／社会からみた漢字（日本，中国・香港・台湾，韓国，ベトナム）

前立大 沖森卓也・東大 肥爪周二編著
日本語ライブラリー

漢 語

51616-6 C3381　　　　A 5 判 168頁 本体2700円

現代日本語で大きな役割を果たす「漢語」とは何か，その本質を学ぶことで，より良い日本語の理解と運用を目指す。〔内容〕出自からみた漢語／語形からみた漢語／語構成からみた漢語／文法からみた漢語／意味からみた漢語

二松学舎大 沖森卓也編

日 本 語 文 法 百 科

51066-9 C3581　　　　A 5 判 560頁 本体12000円

学校文法を入口にして初歩から専門事項に至るまで用例を豊富に盛り込みつつ体系的に解説。〔内容〕総説／語と品詞（品詞，体言，名詞，代名詞，用言，動詞，形容詞，形容動詞，副詞，連体詞，接続詞，感動詞，助動詞，助詞，付属語の意味範囲，接辞）／文のしくみ（文のなりたち，態とその周辺，アスペクトとテンス，モダリティ，表現と助詞，従属節，複合辞）／文法のひろがり／（待遇表現，談話と文法，文法の視点，文法研究史，文法の変遷，日本語教育と日本語文法）

上記価格（税別）は 2022 年 9 月現在